INSELN & MEER

GEORG QUEDENS / ELLERT & RICHTER VERLAG

INHALT

Nordsee und Wattenmeer sind, geologisch betrachtet, ganz junge Landschaften. Nimmt man die fünf Milliarden Jahre Erdgeschichte als Maßstab, dann sind sie erst vor wenigen Sekunden entstanden. Das Bild, das Landkarten aus unserer Zeit wiedergeben, ist sogar nur gut 300 Jahre alt, und noch immer ist die Küstenlinie durch Kräfte der Natur und durch Maßnahmen des Menschen im Wandel begriffen. Insbesondere durch die Eindeichung neuer Köge und Polder ist der Verlauf der Nordseeküste in stetiger Veränderung. Dort, wo sich heute Wattenmeer erstreckt, war einmal Land, aber umgekehrt war auch einmal Meer, wo heute grüne Weiden sind.
Die Entstehung des heutigen Küstenraumes begann vor knapp 20 000 Jahren, als die bislang letzte Eiszeit zu Ende ging und sich das Erdklima wieder erwärmte – Vorgänge, deren Ursachen noch immer ungeklärt sind. Die riesigen Gletschermassen auf Polkappen und Hochgebirgen banden einen großen Teil der irdischen Wassermenge, so daß das Niveau der Weltmeere auf dem Höhepunkt der Eiszeit etwa achtzig bis hundert Meter tiefer lag als in der Gegenwart. Das Nordseebecken fiel bis über die Doggerbank hinaus trocken, und die Flüsse Themse, Rhein, Ems, Weser, Elbe und Eider strömten erst jenseits davon ins Meer, etliche mit einer gemeinsamen Mündung. Der Anstieg des Meeresspiegels durch das Abschmelzen der Gletscher ließ dann allmählich den südlichen Nordseeraum „ertrinken". Das Wasser verdrängte die urzeitlichen Tiere, deren Geweihe und andere Überreste noch heute gelegentlich in die Netze der Fischer geraten, und auch die Menschen, die in der Steinzeit als nomadisierende Jäger eine Wald- und Moorlandschaft durchstreiften, die heute fünfzig, siebzig Meter unter dem Meeresspiegel liegt. Das Wasser drang in den sogenannten Transgressionen zeitweilig langsam, dann wieder rascher vor, begünstigt durch Sturmfluten, möglicherweise auch durch Wellen von Seebeben. Hinzu kam eine Landsenkung als Folge der geringeren Eisbelastung auf dem skandinavischen Felsmassiv. Dieses war während der Eiszeit von den Eislasten heruntergedrückt, der Randbereich, der norddeutsche Küstenraum, hingegen hochgewölbt. Nun folgte großräumig eine Ausgleichsbewegung – die nordische Landhebung und das Absinken des Nordseeraums, was die Überflutung beschleunigte. Lange Zeit ragten die Doggerbank sowie das Felsmassiv von Helgoland noch aus dem Meer, bis der Meeresspiegel im Jahrtausend vor der Zeitrechnung seinen höchsten Punkt erreichte und die Bewohner des Küstenraumes, Cimbern, Teutonen, Ambronen und andere germanische Völker, zur Auswanderung in südliche Richtungen gezwungen wurden.
In dieser Zeit eines hohen Wasserspiegels bildeten sich wenig später durch Schlickablagerungen die umfangreichen Marschen- und Moorlandschaften der Norddeutschen Tiefebene. Doch das Meer gibt und nimmt. In wechselvollen Entwicklungen wurden die vor- und frühzeitlichen Marschen und Moore durch den erneuten Anstieg des Meeresspiegels und durch Sturmfluten einerseits mit weiteren Schlickauflagerungen erhöht, andererseits aber längs der ganzen Küste im Brandungsbereich abgebaut und zurückversetzt. Dieser Prozeß hielt bis zum Beginn der Neuzeit an, und er würde fortdauern, wenn nicht der Mensch durch Deiche und andere Uferschutzwerke längs der Festlandsküste und rund um Inseln und Halligen seit dem 16./17. Jahrhundert der Nordsee Einhalt geboten und deren zerstörende Wirkung durch die Landgewinnung umgekehrt hätte. Noch heute verkünden Reste von Wäldern im Wattenmeer, insbesondere nahe der Hallig Gröde, Vieh- und Ackerbauspuren in den Kleischichten der Watten bei den Ost- und den Nordfriesischen Inseln, Scherbenfunde, Brunnen, Warftfundamente und Kirchenreste von der jahrhundertelangen dramatischen Entwicklung, wobei der Mensch ständig dem Meere weichen mußte, bis die aufkommende Technik den Küstenbewohnern ein Mittel in die Hand gab, den Naturgewalten zu trotzen. „Trutz blanke Hans" wurde ein Schlagwort an der Nordseeküste. Aber erst seit wenigen Jahrzehnten leben die Menschen in relativer Sicherheit in den Kögen, Groden und Poldern sowie auf den Warften der Halligen. Es gibt jedoch auch unverändert Beispiele dafür, daß die Naturkräfte die Oberhand gewinnen. Für den vierzig Kilometer langen Nordseestrand von Sylt hat man trotz eines nun reichlich hundertjährigen Küstenschutzes, der mit Millionenaufwand vom Staat betrieben wird, bis heute kein Mittel gefunden, um den ständigen Substanzverlust zu verhindern.
Deiche trennen zwei Welten – Land und Meer. Binnen des grünen Walls, des „goldenen Rings", der zu den größten Werken der Menschheit gehört, breitet sich das ebene Land der Köge und Polder mit einsamen Bauernhöfen und Häusergruppen, die von künstlichen Hügeln – Wurten oder Warften – über den Horizont gehoben werden. „Weit ist das Land, in Winden eben, sehr hohem Himmel preisgegeben ...", dichtete Rainer Maria Rilke über diese Landschaft, die rundum mit dem geraden Strich des Horizonts an einen unbeschreiblich hohen Himmel stößt, der Spielraum ständig wechselnder Wolken- und Wetterstimmungen ist. Fast immer weht hier der Wind, und die Bäume haben es nicht leicht, gegen den ständigen Seewind aufzuwachsen. Ihre Stämme und Kronen sind alle von Westen nach Osten gebeugt, und ein Baum benötigt den Windschutz des anderen, um etwas

größer zu werden. So bietet sich rund um Höfe und Häuser das Bild der abgedachten Baumgruppen.
Draußen vor dem Deich breitet sich eine nicht minder ebene Landschaft aus – das Wattenmeer, im Wechsel der Gezeiten Land und Meer zugleich. Bei Flut schwimmen Inseln und Halligen weit hinten im Grau, Grün und Blau bewegter Wogen oder steigen an den seltenen windstillen Sommertagen flimmernd wie eine ferne Flotte über den Horizont. Dunkel liegen die Hügel und Häuser der Halligen, hell leuchten die Dünen von Sylt und Amrum und von den Ostfriesischen Inseln. Bei Ebbe aber wächst alles mit grauen und gelben Watten zusammen.

Wellen und Wind, Ebbe und Flut sind die unermüdlichen Gestaltungskräfte der Landschaften am Meer.

Über 3000 Quadratkilometer dehnt sich bei Niedrigwasser, dem tiefsten Stand der Ebbe, die Wattenfläche vor den Deichen und rund um Inseln und Halligen aus. Vom Strand aus gesehen erscheint diese amphibische Landschaft wie eine Ebene ohne Strukturen, aber aus der Höhe eines Möwenflugs zeigt sich ein ganz anderes Bild: Das Watt ist von unzähligen Rinnsalen, Prielen und Strömen zergliedert. Die Priele entstehen auf den hohen Wattenflächen aus einem Geäst unzähliger kleiner Wasserläufe, die, von weiteren Zuströmungen gespeist, sich durch Sand und Schlick schlängeln und schließlich auf einen der großen Wattenströme treffen, die in die freie Nordsee münden. Während die Priele auf den hohen Watten in der Regel nur knie- bis metertief sind, haben sich die großen Wattenströme bis zu dreißig Meter tief in den Boden eingeformt. Lister Tief, Vortrapp-Tief, Norderaue, Süderaue und Hever sind die Namen dieser Ströme im nordfriesischen Wattenmeer. Im niedersächsischen Küstenbereich bilden die Jade, die Mündungen von Weser und Ems sowie die Baljen und Seegatten (Accumer Eehe, Wichter Eehe u. a.) derartige Wattenströme.
Nach landläufiger Meinung besteht der Wattenboden vor allem aus Schlick, d. h. aus feinen, tonigen Sedimenten, die über die Flüsse ins Meer gelangen, und zermahlenen Überresten von Pflanzen, Tieren und Plankton. Schlickwatten aber sind selten. Sie decken nur einen geringen Teil des Wattenbodens, vor allem im Lee der Inseln und innerhalb der Lahnungsfelder für die Neulandbildung, wo Strömung und Wellenschlag beruhigt werden; in den Übergangszonen mischen sich Schlick und Sand. Genau genommen bezeichnet man mit „Watt" jede Landschaft, die vom weltweiten Gezeitenwechsel durch Überflutung und Trockenfallen geprägt ist. Auch Felsboden, etwa rund um Helgoland, ist demnach Watt. Der größte Teil des Wattbodens aber besteht aus Sand, der fest abgelagert scheint, aber in ständiger Bewegung ist. Strömung und Wellenschlag hinterlassen bei jeder Ebbe ein Muster von Rippelmarken, das von der nächsten Flut je nach Windstärke und -richtung umgeformt wird. Mancherorts aber haben Strömung und Brandung Sandmassen zu riesigen Sandbänken aufgetürmt, deren Rücken meterhoch über dem mittleren Hochwasser aufragen. Samen von Salzpflanzen wehen heran, und inmitten der Wüste wachsen Büsche von Meersenf und Strandweizen. Die nächste hohe Sturmflut aber geht über alles hin. Auch diese Sände sind ständig in Bewegung, wandern längs der Küste mit dem Gezeitenstrom und mit dem vorwiegend von Westen wehenden Wind – Wattenmeer, Landschaft ewigen Wandels.

Nordseebrandung. Unter wandernden Wolken weht der Wind die Wellen gegen den Strand – ein oft besungenes und in Gedichten verewigtes Bild. Brandung entsteht, weil das gegen die Küste laufende Wasser am Boden gebremst wird und daher oben schneller fließt als unten. So kommt es zum Überschlag und zur Schaumbildung durch die plötzlich im Wassser eingeschlossene Luft.

Leuchttürme stehen als Wächter über nächtliche Schiffswege einsam im Meer, auf Deichen, an den Windecken der Halligen und auf den hohen Dünen der Nordseeinseln. Tagsüber sind sie die weithin sichtbaren Wahrzeichen der flachen Küstenlandschaft. Nachts grüßen die Lichter von Insel zu Insel und vom Land zu den Schiffen. Alle Leuchtfeuer – ob Hauptfeuer, Unterfeuer, Quermarken- oder Leitfeuer – sind heute vollautomatisch. Leuchtturmwärter mit ihrer alten einsamen Lebensweise gibt es nicht mehr.

Ein stiller Tag am Wattenmeer. Die Wolken scheinen am Himmel zu stehen, und spiegelglatt ist die Flut aufgelaufen.

Das Wattenmeer ist eine Landschaft ewigen Wandels. Wo heute Land ist, war einmal Wattenmeer, aber auch Land dort, wo heute Ebbe und Flut regieren. Mächtige Findlinge aus dem saaleeiszeitlichen Gletschervorstoß, vielleicht sogar Reste steinzeitlicher Grabkammern, liegen im Watt zwischen Föhr und Amrum, sie zeugen vom Untergang ehemaliger Landflächen und vom jahrtausendelangen Eroberungsdrang des Meeres.

EBBE UND FLUT – STURMFLUTEN

Grau und gelb breiten sich bei Ebbe die Wattenflächen vor den Deichen und Dünen der Nordseeküste aus, lassen Inseln und Halligen mit dem Festland zusammenwachsen. Manchen Betrachtern erscheint die Landschaft wie eine Wüste ohne Strukturen und ohne wahrnehmbares Leben. Nur in der Ferne blinken einige Pfützen und Priele, und ganz weit hinten liegt der blaue Strich der Nordsee als gerade Linie zwischen Himmel und Meer. Dann aber kommt Bewegung in das neblige, grenzenlos scheinende Bild. Der Streifen der Nordsee wird breiter und breiter, kommt näher und näher. Die Flut kehrt zurück! Über die Bänder der Wattenströme, Priele und Rinnsale schleicht das Wasser heran, steigt Stunde um Stunde, fließt schließlich über die Ränder, breitet sich nach allen Seiten aus, vereint sich auf den Ebenen aus Sand und Schlick und eilt nun in breiter Linie auf alle Küsten zu. Seevögel, die bei Ebbe weit verstreut in der Wattenlandschaft Nahrung suchten, werden vom auflaufenden Wasser zu immer größeren Scharen zusammengedrängt. Und noch ehe das Wasser ihren Lebensraum erreicht, kommen auch zahlreiche Bodentiere aus ihren Verstecken an die Oberfläche und erzeugen mit ihrem milliardenfachen Krabbeln ein wisperndes Geräusch. An Wattufern, Deichfüßen und Dünenstränden macht das Wasser schließlich halt, staut sich noch etwas auf, bleibt eine knappe halbe Stunde scheinbar stehen und fällt dann langsam wieder. Zurück bleibt der Flutsaum aus Meeresgewächsen und Muschelschalen, der den Höchststand markiert. Feuchtglänzende Watten tauchen auf. Und die Vögel, die während der Hochwasserzeit Schnäbel und Köpfe in ihr Rückengefieder gesteckt hatten, um zu schlafen, werden wieder munter. Schar um Schar löst sich auf und fliegt dem fliehenden Wasser nach, das einen reich gedeckten Tisch auf den Watten hinterlassen hat. Segelschiffe und Krabbenkutter verschwinden aus dem Watt, und die Inseln und Halligen verbinden sich wieder mit dem Land. Hier eilt ein Fischer durch quatschenden Schlick zu seinen trockengefallenen Reusen am Priel, und hinten bewegt sich eine Gruppe von Wattwanderern durch eine seltsam amphibische Landschaft.

In ewigem Rhythmus wechseln so an der Nordseeküste Ebbe und Flut, die Gezeiten, auch Tide genannt. Es flutet reichlich sechs Stunden, und ebenso lange dauert die Zeit der Ebbe. Hochwasser wird der höchste Punkt der Flut, Niedrigwasser der tiefste Punkt der Ebbe genannt. Der Unterschied zwischen Niedrigwasser und Hochwasser heißt Tidenhub. Er beträgt an der deutschen Nordseeküste im Durchschnitt etwa 2,50 Meter. An der Sylter Küste liegt der Tidenhub bei nur rund 1,70 Metern, verstärkt sich dann aber zur Festlandküste hin und ist besonders hoch in deren Buchten, beispielsweise im Hafen von Husum, in der Meldorfer Bucht und im Hamburger Hafen (jeweils 3,50 Meter). Am höchsten ist der Tidenhub mit etwa vier Metern in Bremen und in der Jade bei Wilhelmshaven.

Ursache dieser gewaltigen Wasserbewegung, die an den Küsten aller Weltmeere wirksam ist, sind die Anziehungskraft des Mondes und Fliehkräfte auf der dem Mond abgewandten Seite der Erde. Erde und Mond drehen sich um einen gemeinsamen Schwerpunkt im Inneren der Erde. Dabei wirken die Anziehungs- und Fliehkräfte in entgegengesetzter Richtung. Auf der dem Mond zugewandten Erdhälfte überwiegt die Anziehungskraft des Erdtrabanten, auf der dem Mond abgewandten Erdhälfte jedoch die Fliehkraft. Beide Kräfte erzeugen Flutwellen, zwischen denen Wellentäler liegen. Die Erde dreht sich unter diesen langen Tidewellen, so daß jeder Ort im Weltmeer und an der Küste im Laufe von etwa 24 Stunden und fünfzig Minuten zweimal Ebbe und zweimal Flut erlebt. Die tägliche Verspätung der Gezeiten um rund fünfzig Minuten ergibt sich aus der Umlaufzeit des Mondes.

Die Nordsee liegt jeweils nur etwa zwanzig Minuten „unter dem Mond“, so daß sich hier keine selbständigen Gezeiten entwickeln können. Ebbe und Flut im Nordseebecken werden durch atlantische Gezeitenwellen verursacht. Eine dieser Wellen dringt durch den Kanal ein, dreht jedoch in Höhe der holländischen Insel Texel und der ostenglischen Stadt Norfolk wieder um und fließt zurück. Wesentlicher für die Gezeiten an der deutschen Nordseeküste ist daher die große Shetland- und Silberrinnenwelle, die vom Nordatlantik an der schottischen und englischen Ostküste herunterwandert und durch den Zusammenstoß mit der Kanalwelle nach Osten gelenkt wird, wo sie an der ostfriesischen Küste entlang über Helgoland und die schleswig-holsteinische und dänische Küste nordwärts zurückfließt. Der Drehpunkt dieser Wellenrundung liegt etwa 300 Kilometer nördlich von Sylt. Zwischen Norwegen und Dänemark stoßen übrigens Silberrinnen- und Norwegische Welle zeitlich so aufeinander, daß die Gezeitenwirkung nahezu aufgehoben wird. An der dänischen Skagerakküste beträgt der Tidenhub nur wenige Zentimeter.

In diese rhythmischen Regeln von Ebbe und Flut greifen andere Kräfte – regelmäßig oder unregelmäßig – ein. Alle 14 Tage, unmittelbar nach Neu- und nach Vollmond, stehen Mond und Sonne von der Erde aus in einer Geraden. Nun wird die Anziehungskraft des Mondes durch die der Sonne verstärkt. Durch diese Konstellation bilden sich auf den Weltmeeren höhere Flutwellen und tiefere Wellentäler; es entsteht eine sogenannte „Springtide“, die im Binnenland oft mit einer Sturmflut verwechselt wird. Während der

Orkanflut – der „blanke Hans“ zeigt seine Zähne. Haushoch steigen die Wellen an Uferschutzwerken und Strandpromenaden auf.

dreitägigen Springtidezeit steigt die Flut fast einen halben Meter höher als normal, aber auch die Ebbe fällt entsprechend tiefer, so daß – da die Gezeiten einen größeren Tidenhub zu bewältigen haben – das Wasser schnell steigt, aber auch rasch wieder abläuft. Zwischen der Neu- und Vollmondphase aber hebt die Anziehungskraft der Sonne die des Mondes teilweise auf. Nun entstehen auf den Weltmeeren und an den Küsten sogenannte „Nipptiden“ mit einem geringeren Tidenhub.

Entscheidender aber für die Höhe von Fluten sind Stürme und Orkane aus westlichen Richtungen. Sie treiben das Wasser bis zu vier Meter über Normal und richten mit ihrer Brandungsgewalt schwere Schäden an, während umgekehrt Stürme aus Osten das Wasser von der Küste und aus dem Wattenmeer wegwehen und das Niedrigwasser einige Meter tiefer als das Mittlere Tideniedrigwasser (MTNw) fällt, so daß alte Findlingsgräber und andere Spuren einer längst versunkenen Welt zutage treten.

Sturm- und Orkanfluten haben jahrtausendelang das Landschaftsbild an der Nordseeküste mitgestaltet und Küstenbewohner und Insulaner bis heute zu Schutzmaßnahmen – Bau von Warften, Deichen und anderen Küstenschutzwerken – gezwungen; sie haben immer wieder hart in das Leben der Menschen am Meer eingegriffen. Die Fluten aus dem ersten Jahrtausend unserer Zeitrechnung sind zwar im Dunkel der Vergangenheit und des Vergessens verschwunden, aber die Auswanderung ganzer Volksstämme aus dem Küstenraum deutet darauf hin, daß sie verheerende Ausmaße hatten. Erst im 13. Jahrhundert werden die Berichte genauer.

Sturmfluten hatten oft nur – je nach Windrichtung – lokale Auswirkungen, aber keine hat sich so in das Gedächtnis eingeprägt wie die Marcellusflut vom 16. Januar 1362. Diese Flut zerstörte den legendären Hafenort Rungholt am Heverstrom, wobei Tausende von Menschen den Tod fanden. „Um Mitternacht, da ging die allergrößte Manndränke, da ertrank das meiste Volk in den Uthlanden“, meldet die Chronicon Eiderostadense. Und diese Flut hinterließ an der gesamten deutschen Nordseeküste eine Spur der Vernichtung. Außer Rungholt ging auch der alte Friesenhafen Wenningstedt auf Sylt unter. Der Jadebusen und der Dollart brachen in das Land, und die Norder Jahrbücher berichten, daß in Ostfriesland „die festesten Gebäude als Kirchen und Türme einstürzten und dickste Bäume umgeweht wurden“. Die Allerheiligenflut des Jahres 1436 traf hingegen vor allem Nordfriesland. Auf Eiderstedt brachen viele Deiche, und an der Sylter Westküste gingen Alt-Rantum und Eidum unter. Die schwerste Sturmflut in der Neuzeit war aber jene vom 11. Oktober 1634. Sie ereignete sich bei Neumond, also zur Springflutzeit, und vernichtete die große Insel Alt-Nordstrand. Hier brachen an 44 Stellen die Deiche, und von den etwa 8600 Menschen ertranken 6123. Von 22 Kirchen blieben nur drei erhalten, zwei auf Pellworm und eine auf dem heutigen Nordstrand, den Resten dieser einst etwa 260 Quadratkilometer großen, fruchtbaren Insel. Seit dieser Sturmflut hat sich das Landkartenbild der schleswig-holsteinischen Westküste nur noch unwesentlich verändert.

Aber auch spätere Sturmfluten sind in die Geschichte eingegangen, etwa jene vom 3./4. Februar 1825 oder die große Flut vom 16./17. Februar 1962, die in Hamburg über 300 Todesopfer forderte und damit einmal mehr die Bezeichnung der Nordsee als „Mordsee“ bestätigte. Mit den beiden Sturmfluten vom Januar 1976 wurde die alte Regel, wonach nur einmal in einem Jahrhundert mit einer schweren Flutkatastrophe zu rechnen sei, erneut in Frage gestellt: Die Bewohner der Nordseeküste müssen sich sozusagen täglich auf die Gefahr einer großen Flut einrichten, und heute wie früher hält die Nordsee ihre Anwohner immer wieder in Atem.

„Graues Geflügel huschet neben dem Wasser her – wie Träume liegen die Inseln und schwimmen auf dem Meer ...“ (Theodor Storm). Die Inseln Sylt, Föhr und Amrum wachsen bei Ebbe mit den Flächen des Wattensandes und Schlicks zusammen, in den Pfützen leuchtet der Widerschein des Abendgewölks. – „Noch einmal schauert leise und schweiget dann der Wind – vernehmlich werden die Stimmen, die über der Tiefe sind.“

Ebbe am Nordseestrand. Die Wellen der letzten Flut haben im festen Sand ein verwirrendes Muster von Rippelmarken hinterlassen. Die nächste Flut gestaltet – je nach Windrichtung und Wellenstärke – alles wieder um. Neue Strukturen entstehen.

In stetem Rhythmus wechseln draußen vor den Deichen der Nordseeküste und rund um Inseln und Halligen Ebbe und Flut. Reichlich sechs Stunden zieht sich das Weltmeer zurück und flutet nach einer kurzen Stillstandsphase ebenfalls reichlich sechs Stunden wieder auf. Aus Prielen und Wattenströmen ergießt sich das Wasser und eilt in breiter Linie, mit einer Schaumkante gekrönt, über das ebene Watt zu den Deichen und Inselküsten.

Sturmflut! Stürme und Orkane aus westlichen Richtungen treiben meterhohe Wellen gegen Deiche und Dünen; an den Uferschutzmauern und Strandpromenaden zeigt der „Blanke Hans“ seine Zähne. Die Nordsee wird auch „Mordsee“ genannt, denn immer wieder, zuletzt bei der Orkanflut im Februar 1962, verloren Hunderte und Tausende ihr Leben, große Landflächen wurden zerstört.

Sterbende Inseln wurden die Halligen noch Mitte des vorigen Jahrhunderts genannt. Viele hatten nur noch ein Drittel, manche nur ein Zehntel ihrer ehemaligen Größe, die Zahl ihrer Bewohner verringerte sich von Jahrzehnt zu Jahrzehnt. Manche Halligen wurden ganz vom Menschen verlassen. Aber dann entschloß sich der Staat zu Uferschutzmaßnahmen, so daß die Halligen heute vor Landverlusten bewahrt sind. Vergeblich brandet hier die Nordsee gegen den Steindeich von Hallig Hooge.

Frühling und Herbst sind die Zeiten der Sturmfluten. Wellen peitschen gegen den Inselstrand und treiben Schaumkanten vor sich her. Wie Silberfiligranwerk erscheint der Schaum, in den Blasen funkeln alle Regenbogenfarben. Die Schönheit der Sturmflutbrandung kann über die Gefahr für Inselstrände und Festlandsdeiche nicht hinwegtäuschen. Mit Bangen sehen die Küstenbewohner den wiederkehrenden Naturgewalten entgegen.

DEICHBAU SEIT TAUSEND JAHREN

Inseln, Halligen und Wattenmeer sind von der Natur geschaffene Landschaften, aber die Festlandsküste der Nordsee gestaltete der Mensch selbst – durch Landgewinnung und Deichbau. Schon in den ersten Jahrhunderten unserer Zeitrechnung mußten sich die Bewohner der Nordseeküste gegen Sturmfluten und das steigende Weltmeer schützen, und sie taten dies zunächst durch den Bau von Warften – Wohnhügeln, auf denen ihre Häuser sicher ruhten. So sahen sie römische Entdeckungsreisende und beschrieben ihr Leben, „Schiffbrüchigen gleich". Warften sichern auch heute noch die Wohnhäuser auf den Halligen.

Das zum Meer hin ungeschützt liegende und bei Sturmfluten überflutete Land ließ jedoch nur Viehhaltung zu. Spätestens seit dem 8. oder 9. Jahrhundert aber, als die Friesen von der Rheinmündung aus die heutige deutsche Nordseeküste bis hinauf nach Dänemark besiedelten, wurde das Land zunehmend eingedeicht, denn nur im Schutz der Deiche konnte Getreideanbau betrieben werden. Schon um 1180 meldete der Chronist Saxo Grammaticus aus dem Raum Nordfriesland, daß „das ganze Ufer von einem Wall umgeben ist, damit die Flut nicht in das niedrige Land einbricht ..." Die ersten Deiche waren jedoch, da die technischen Hilfsmittel fehlten, sehr niedrig, wurden oft überflutet und zerstört. Noch im 16. Jahrhundert erreichten sie eine Höhe von nur acht bis neun Fuß, also kaum drei Metern. Weil die sehr steilen Böschungen von der Brandung leicht unterhöhlt wurden, mußten die Deichfüße mit Holzpfählen, dem „Stackwerk", gesichert werden. Das Holz holte man, da es keine Wälder in der Küstenmarsch gab, von weither. Die große Insel Alt-Nordstrand etwa hatte eine Deichlänge von rund hundert Kilometern. Davon waren knapp zwanzig Kilometer mit einem Stack versehen, und unvorstellbar schwer war es für die Inselbewohner und Deichpflichtigen, diese Deichlänge gegen die Nordsee zu verteidigen.

Erst der aus Holland stammende Mennonit Johann Clausen Koth Rollwagen, der im Jahre 1608 vom Herzog zum Deichgrafen ernannt wurde, verbesserte die Deichkonstruktion. Die seeseitige Böschung erhielt nun ein flacheres Profil, das der Brandung eine geringere Angriffsfläche bot. Der Deichgraf erfand auch die einrädrige Schubkarre, die sich in der grundlosen Marsch und im weichen Schlick auf leicht verlegbaren Brettern sehr viel effektiver einsetzen ließ als die dreirädrigen Störten, die „Sturzkarren". Teilweise wurden Sand und Klei auch noch mit Holztragbahren herangeschafft.

Bis lange nach 1900 war die Schubkarre beim Deichbau in Gebrauch, dann wurde sie durch Feldbahnen und Lorenzüge ersetzt. Während der Deichbau damals höchsten Arbeitseinsatz erforderte und nicht selten Soldaten zur Überwachung der vielen Bauarbeiter eingesetzt wurden, sind die Baustellen heute fast menschenleer. Draußen im Watt liegen die Ungetüme der Spülbagger und spülen die Sandmassen des Deichkerns als Sand-Wasser-Gemisch durch lange Rohre in das Deichbett. Planierraupen formen das Profil, andere Geräte und Fahrzeuge sorgen für die Kleieindeckung, die Begrünung und die Sicherung des Deichfußes mit Rauhsteinen und Asphalt.

Der Bau eines Deiches setzte naturgemäß eine entsprechende Organisation und Gesetzgebung voraus, und fast tausend Jahre lang stand das Leben der Küstenbewohner und der Marscheninseln vorrangig unter dem strengen „Spadelandsrecht", dem Recht des Spatenlandes. Erste Rechtsvorschriften über den Deichbau und die Deichverteidigung sind aus dem 12. Jahrhundert überliefert. Es sind die Rüstringer Satzungen mit dem Bekenntnis: „Das ist Landrecht, daß wir Friesen einen Seewall zu stiften und zu stärken haben, einen Ring, der um ganz Friesland liegt. Wir wollen unser Land verteidigen mit drei Werkzeugen: mit dem Spaten, mit der Schubkarre und mit der Forke ..." Dieser Satzung folgten 1156 die 17 „Küren", in denen es heißt, daß die Friesen dem Kaiser nur insoweit Heeresfolge zu leisten hätten, daß sie abends heimkehren und ihr Land gegen die Fluten und gegen die Heere der Heiden verteidigen könnten. Mit den Heiden sind offenbar die Wikinger gemeint.

In Nordfriesland wurden die Grundsätze des Deichrechtes 1557 schriftlich neu fixiert. Generell galten ähnliche Bestimmungen an der ganzen west-ost-nordfriesischen und Dithmarscher Nordseeküste. Das „Spadelandsrecht" stand unter dem Sinnspruch: „Wer nicht will deichen, muß weichen." Alle Bewohner von Land im Deichschutz wurden verpflichtet, eine nach dem Besitz von Haus, Hof und Land zugemessene Deichstrecke ständig gegen die Nordsee zu verteidigen. Konnte oder wollte jemand diese Deichpflicht nicht erfüllen, wurde er in der Regel entschädigungslos enteignet und vertrieben. Land und Hof wurden dann jenen zugesprochen, die bereit waren, in die Deichpflicht einzutreten. Ein besonders dramatisches Beispiel dieser Verordnung lieferte die Sturmflut von 1634 mit dem Untergang von Alt-Nordstrand. Weil die meisten der Überlebenden nicht mehr die Mittel hatten, die durchbrochenen Deiche zu reparieren, wurden sie enteignet, und das Land wurde einer Gesellschaft von niederländischen Partizipanten übergeben.

„Polder" werden die nach der Landgewinnung eingedeichten Marschen in West- und Ostfriesland, „Groden" im Raum Jade und Weser, und „Koog" in Dithmarschen und Nordfriesland genannt. Wer heute auf die Landkarte blickt, ahnt kaum, daß alle begradigten Linien der holländischen und deutschen Nordseeküste auf das Wirken der Küstenbewohner zurückgehen. Nur wenige der Buchten, die seit dem Mittelalter durch Sturmfluten an der deutschen Nordseeküste ausgebildet wurden, sind heute noch vorhanden – Dollart, Jade, Meldorfer Bucht –, andere sind im Zuge der Landgewinnung wieder „zugewachsen" und zu Marschenland im Schutz hoher Deiche geworden, so daß ihr heutiger Zustand nicht verrät, daß einmal Wattenmeer war, wo heute Kühe grasen und Getreide wächst.

Die schwierige und langwierige Arbeit der Neulandgewinnung wird seit etwa 500 Jahren betrieben. Wenn man von der Höhe einer Deichkrone über das Wattenmeer blickt, sieht man, soweit das Auge längs des Deiches reicht, das gleichförmige System der Buhnen, des sogenannten Lahnungsfeldes. Es reicht vom Deichfuß rund 400 Meter hinaus, und in gerader Linie öffnen sich die Buhnenvierecke mit einem kleinen Eingang zum Meer. Jede auflaufende Flut strömt in dieses Lahnungsfeld und trägt Schlick und Sedimente heran. Die Buhnen beruhigen Strömung und Wellenschlag, und wenn die Flut vor und nach Hochwasser für eine kurze Zeit zur Ruhe kommt, lagert sich ein Teil dieser Stoffe ab und trägt so über Jahre und Jahrzehnte zur allmählichen Erhöhung des Wattbodens bei. In Abständen von einigen Jahren werden innerhalb des Lahnungsfeldes Reihen von Gräben ausgeworfen, und der Wattboden wird zu Beeten erhöht – eine mühsame Arbeit, die erst seit einigen Jahren durch den Einsatz von Grüppelbaggern erleichtert wird. Schließlich hebt sich der Wattboden über das mittlere Hochwasser auf, begrünt sich mit den typischen Salzpflanzen – Queller, Englisches Schlickgras und schließlich Andelrasen – und steigt durch Ablagerungen aus Sturm- und Springfluten sowie fortdauerndes Grüppeln bis zu einen Meter über Mittelhochwasser. Land aus dem Meer!

Bald bevölkern Wildgänse, Strandläuferscharen, Austernfischer und Möwen das grüne Land – aber auch Herden von Schafen, die eine wichtige

Rolle spielen. Sie treten den Boden fest und halten die Grasdecke kurz und dicht. Wird das Land eines Tages eingedeicht, dann ist ein neuer Polder, Koog oder Groden entstanden. Im Schutz des Deiches werden Bauernhöfe in die Weite des ebenen Landes eingestreut, und bald kommt zum Grün der Wiesen das Gelb der Raps- und Getreidefelder. Vor dem Deich aber wird wieder ein Lahnungsfeld in das Watt geschlagen, und abermals bilden sich Schlickwatten und Salzwiesen in Zeiten von Generation zu Generation.

Viereck an Viereck reihen sich die Buhnen der Lahnungsfelder für die Landgewinnung vor den Deichen der Nordseeküste hinaus in das Watt.

Küstenschutz wurde, wie erwähnt, früher ausschließlich von der Küstenbevölkerung betrieben. Erst im Laufe des 19. Jahrhunderts schaltete sich der Staat organisatorisch und finanziell in diese Aufgabe ein, die dann schließlich ganz in seine Zuständigkeit fiel. Bauamt für Küstenschutz oder Amt für Land- und Wasserwirtschaft sind die Namen jener Behörden, in deren Stuben die Planungen zu Papier gebracht werden. Küstenschutz kostet – auch unabhängig von Sturmflutschäden – jährlich Millionen. Und er dokumentiert sich nicht nur in Deichen und Neuland, sondern auch als Uferschutzmauern mit Strandpromenaden und in Sandvorspülungen, vor allem am Strand von Sylt, ohne daß die Substanzverluste der Insel bisher – sei es durch Buhnen, Tetrapoden oder andere Festwerke – verhindert werden konnten. Sylt blieb die verlassene Geliebte des „blanken Hans".

Der „Deichgraf“ ist unterwegs, um vor den herbstlichen Sturmfluten die Beschaffenheit des Deiches in Augenschein zu nehmen. Schon seit einiger Zeit sind die Wasserbauämter für alle Belange des Deichschutzes zuständig, aber die Deichgrafen, Vorsitzende der Deich- und Sielverbände, haben ihr traditionelles Aufsichtsamt behalten. Im „Schimmelreiter“ von Theodor Storm ist ihnen ein literarisches Denkmal gesetzt.

Der Deich trennt zwei Welten, Land und Meer. Binnendeichs breiten sich die grünen Ebenen der Köge, Polder und Groden aus, außendeichs erstreckt sich das Wattenmeer und verliert sich in der Ferne zur Nordsee. Überall weiden Schafe, die „Rasenmäher" des Deiches. Sie sind unerläßlich für die Stabilität dieses Werkes.

An warmen, windstillen Sommertagen wispert im Watt das milliardenfache Leben. „Ich höre des gärenden Schlammes geheimnisvollen Ton", so dichtete Theodor Storm, aber er dachte dabei wohl eher an Stimmen aus dem versunkenen Ort Rungholt. Tatsächlich aber wird das eigentümliche Wattengeräusch vom Krabbeln unzähliger Bodentiere verursacht, vor allem von der Riesenarmee der Schlickkrebse, die in fingertiefen Röhren hausen, aber regelmäßig zur Oberfläche kommen, um dort mit ihren langen Fühlern Nahrung zu greifen. An günstigen Stellen leben einige Zehntausende dieser nur anderthalb Zentimeter langen Krebse auf einem Quadratmeter Wattenschlick. Noch dichter aber siedeln die nur etwa zwei Millimeter kleinen Wattschnecken, die sich auf dem braunen Belag der Kieselalgen oder auf den Blättern von Grünalgen versammeln, um dort zu äsen. Ihre verschnörkelten Kriechspuren durchziehen überall den feuchten Wattboden.

Das Leben im Watt beginnt am Flutsaum, eben unterhalb der Hochwasserlinie. Auf Buhnen und Brückendalben siedeln dicht an dicht die Kalkgehäuse der Seepocken. Auch diese gehören als Rankenfüßer zur großen Familie der Krebstiere. Und überall auf Balken und Uferschutzwerken ruhen bei Ebbe Strandschnecken, während andere lange Schleifspuren durch Sand und Schlick ziehen. Die meisten Tiere jedoch müssen sich gegen die Trockenheit, aber auch gegen ihre Feinde schützen und leben im Boden, so daß an der Oberfläche nur ihre Spuren zu sehen sind. Zu den auffälligsten Erscheinungen auf sandigem Watt gehören die Trichter und Sandkringel der Wattwürmer. Diese Tiere hausen in U-förmigen Röhren, deren Ein- und Ausgänge nach oben reichen. An einem Röhrenende saugt der Wattwurm den Sand herab, durchkaut ihn und sondert die Nahrungsstoffe heraus, um anschließend den Sand wieder an die Oberfläche zu stoßen. Sehr viel weniger auffällig sind dagegen die Spuren anderer Würmer wie der Seeringel-, Meerringel- und Blutfadenwürmer. Löcher deuten auf Muscheln hin, die oft in Kolonien im Watt-Untergrund leben. Nicht selten spritzen aus den Löchern kleine Fontänen, wenn die Muscheln ihren zur Oberfläche reichenden Sipho (Atemröhre) ruckartig einziehen.

Lebensräume besonderer Art sind die Priele, in denen auch beim tiefsten Stand der Ebbe Wasser zurückbleibt. Unter Tangbüscheln verborgen lauern Strandkrabben auf die nächste Flut. In ihrem Versteck aufgestöbert, laufen sie, drohend ihre Scheren spreizend, im Krebsgang davon. In leeren Wellhornschneckengehäusen hausen Einsiedlerkrebse, auf Steinen oder Muschelklumpen bewegen daumenhohe Seenelken und Seeanemonen ihre Tentakelkränze in sanften Schlägen hin und her. Diese Lebewesen sind aber keine „Blumen", sondern Nesseltiere, mit den Quallen verwandt. Mit Giftkapseln an den Spitzen der Scheinblüten betäuben sie kleine Seetiere und führen sie in die Mundöffnung. Im Sand ruhen Plattfische wie Schollen, Butte und Flundern, Garnelen schießen über den Grund. An festen Prielrändern haben sich Miesmuschelbänke gebildet, oft Hunderte von Quadratmetern groß. Auch sie bieten, bewachsen mit Büscheln des Blasentangs, anderen Tieren Daseinsmöglichkeiten. Strandkrabben und Seesterne, Bäumchenröhrenwürmer, Käfer- und Pantoffelschnecken leben im Bereich der Muschelbänke.

Das vielfältige Wattengetier lockt Scharen von Seevögeln an, die bei Ebbe und Flut im Wattenmeer und in der küstennahen Nordsee Nahrung finden. „Allerweltsvogel" des Wattenmeeres ist der schwarz-weiße Austernfischer mit dem großen, orangefarbenen Schnabel. Bei Ebbe sieht man ihn überall im Sand und Schlick, bei Flut auch binnendeichs in den Marschenwiesen nach Würmern stochern. Austernfischer sind die ruffreudigsten Vögel der Nordseeküste. Ob Tag oder Nacht, Sommer oder Winter – fast immer ist irgendwo ihre Stimme zu hören. Denn überall, am Strand, in den Salz- und Marschenwiesen, in den Dünen und auf hoher Geest, brüten die Austernfischerpaare oder führen den Sommer hindurch ihre Jungen umher. Weniger auffällig von Gestalt, aber unüberhörbar ist der braungesprenkelte Rotschenkel, dessen melodisches Balzgeläute an windstillen Tagen über die küstennahen Wiesen schallt. Gut verborgen im Gras liegt sein Gelege, und gut getarnt durch ihr Gefieder laufen nach dem Schlüpfen die Jungen als „Nestflüchter" herum. Auch Sand- und Seeregenpfeifer gehören in die Landschaft am Meer. Im Gewirr der Muschelschalen und der Steine am Strand sind sie kaum zu erkennen; nur durch ihre Rufe machen sie auf sich aufmerksam. Eine ganz eigenartige Vogelgestalt aber ist der Säbelschnäbler, auch er noch zu den Strandläuferarten gehörend. Der hochbeinige „Säbler" fällt durch die besondere Form seines hochgebogenen Schnabels auf, mit dem er, im flachen Wasser watend, hin- und herstreicht, um kleine Krebstiere zu erbeuten. Der Säbelschnäbler gehört zu jenen Vogelarten, die durch große Eindeichungsmaßnahmen begünstigt werden, denn sein Lebensraum sind flache Wasserlagunen, wie sie oft in den Poldern und Kögen entstehen.

Zu den bekanntesten Küstenvögeln aber gehören die Möwen. Schon auf dem Schiffsweg zu Inseln und Halligen, ja bereits in den Häfen lernt der Nordseebesucher verschiedene Arten kennen. Silbermöwen, die ähnlichen, aber kleineren Sturmmöwen und die mohrenköpfigen Lachmöwen begleiten in Scharen die Bäderschiffe und Krabbenkutter und warten auf Beute – Brot, das ihnen von den Passagieren zugeworfen wird, oder Kleingetier, das die Schiffsschrauben vom Meeresboden aufwirbeln und das aus den Netzen der Fischer abfällt. Die Silbermöwen, die häufigsten Brutvögel der Nordseeküste, sind wegen ihrer Vielzahl und Raublust – sie haben sich auf die Erbeutung von Gelegen und Jungvögeln anderer, seltenerer Vogelarten spezialisiert – mancherorts zum Problem geworden, das menschlicher Regulierungsmaßnahmen, etwa des Eiersammelns, bedarf. Einsame Dünengebiete, Sandinseln und Halligen, auf denen kein Raubwild (Füchse) zu finden ist, sind die Brutplätze der Möwen, die in der Regel in Kolonien brüten, wobei aber jedes Paar ein eigenes kleines Revier behauptet. Neuerdings breitet sich an der deutschen Nordseeküste eine weitere Möwenart, die Heringsmöwe, aus, die an den schwarzgrauen Flügeldecken gut zu erkennen ist. Sie ist vorwiegend auf den Fischfang spezialisiert. Die kleine Dreizehenmöwe aber brütet nur an den Steilfelsen von Helgoland.

Die Seeschwalben leben ausschließlich von Fischen, die sie stoßtauchend erbeuten. Küsten-, Fluß-, Zwerg- und Brandseeschwalben kommen als Brutvögel an den deutschen Küsten, auf Inseln und Halligen vor. Aber sie sind wahre Sommergäste, erscheinen erst im April und ziehen, kaum, daß die Jungen flügge sind, im Juli und August schon wieder davon, zur Südhalbkugel, wo es in unserem Herbst Frühling wird. Küstenseeschwalben fliegen bis zur Antarktis und legen jährlich einige zehntausend Flugkilometer zurück.

Schönster Vogel des Wattenmeeres aber ist die Brandgans, mit ihrem kontrastreichen bunten Gefieder ein Farbtupfer im grauen Schlick. Brandgänse brüten vor allem in Wildkaninchenhöhlen, die sie in den Dünen vieler Nordseeinseln finden. Die Jungen werden gleich nach dem Schlüpfen zum Wattenmeer geführt. Dort versammeln sich auch die Eiderenten mit ihrem Nachwuchs, wobei sie oft regelrechte „Kindergärten“ mit einigen hundert Jungen bilden. Die Eiderente hat an der deutschen Nordseeküste ihre südlichsten Brutplätze, breitet sich aber ständig weiter aus. Zentrum des Eiderentenvorkommens ist unverändert die Insel Amrum mit über tausend Brutpaaren.

Nordsee und Wattenmeer sind auch das Revier der Seehunde und Kegelrobben. Während sie bei Flutzeit in den großen Wattenströmen und draußen im offenen Meer nach Fischen jagen, liegen sie bei Ebbe rudelweise auf den Sandbänken und schlafen. Dort werden auch im Juni und Juli die jungen Seehunde geboren, die unmittelbar nach der Geburt schwimmfähig sind – und auch sein müssen, denn wenige Stunden, nachdem sie zur Welt gekommen sind, steigt die Flut über ihren Geburtsort. Manchmal werden Seehündin und Jungtier – insbesondere bei anhaltenden Sturmfluten – getrennt, und die Jungen kommen als „Heuler“ an die Küste, wo sie in Robbenstationen aufgezogen und später wieder in die Nordsee zurückgesetzt werden. Im Sommer 1988 machten die Seehunde Schlagzeilen, als Tausende einer durch Robbenstaupeviren ausgelösten Seuche erlagen. Aber fast die Hälfte der Tiere widerstand der Krankheit und wurde immun, so daß unverändert alle Sände von Seehunden besiedelt sind.

Sandbänke und Platen, Priele und Wattenströme sind die Heimat des Seehundes.

Erst in den fünfziger Jahren unseres Jahrhunderts ist eine weitere Robbenart, die Kegelrobbe, aus britischen Beständen zur deutschen Nordseeküste eingewandert und hat sich mit einem kleinen Rudel auf den Seesänden westlich von Amrum bzw. südlich von Sylt etabliert. Die Kegelrobbenbullen werden über drei Meter lang und herrschen jeweils über einen „Harem“ von weiblichen Tieren, die übrigens deutlich kleiner sind. Die Jungen werden mitten im Winter, zwischen November und Januar, geboren und sind durch Sturmfluten stark gefährdet, denn erst nach vier Wochen sind sie schwimmtüchtig und verschwinden in der Weite der Nordsee, während sich die Mütter schon wieder mit einem Bullen tummeln und auf den nächsten Nachwuchs vorbereiten.

Ans Haff nun fliegt die Möwe, die Dämm'rung bricht herein – über feuchte Watten spiegelt der Abendschein …", so schilderte Theodor Storm in seinem Gedicht „Meeresstrand" die Stunden zwischen Tag und Nacht. Möwen und andere Seevögel folgen dem fliehenden Ebbewasser, um Nahrung zu sammeln. Unter roten Abendwolken ruhen am Horizont die Halligen.

Im Frühling und Herbst liegen Inseln und Halligen, Watt und Meer unter den Schwingen riesiger Vogelwolken. Vor allem sind es Scharen verschiedenster Strandläuferarten, Knutts, Alpenstrandläufer, Brachvögel, Pfuhlschnepfen und Goldregenpfeifer. Bei Ebbe verteilen sich diese Vögel nahrungssuchend weit über das Watt, aber die Flut treibt sie wieder zum Land zusammen. So leben die Vögel mit den Gezeiten, bis sie im Frühjahr zu ihren Brutplätzen in Sibirien und Skandinavien, im Herbst zu ihren Winterquartieren an den Küsten Westeuropas weiterziehen.

Eiderenten führen ihre Jungen zum Meer. Im Mai und Juni brüten diese nordischen Enten auf Inseln und Halligen, vor allem in den Dünen von Amrum. Gleich nach dem Schlüpfen werden die Jungen zum Wasser gebracht, wobei sich in der Regel mehrere Mütter zusammentun, um in „Kindergärten" gemeinsam ihren Nachwuchs zu betreuen. Dennoch wird ein großer Teil der Jungen eine Beute der raublustigen Silbermöwen.

Junge Brandgänse auf dem Weg zum Wattenmeer. Sie sind in einer Wildkaninchenhöhle zur Welt gekommen, wachsen aber in der Gezeitenlandschaft auf. Als Nestflüchter sind sie sofort in der Lage, kilometerweite Wege zu laufen, sie können gleich schwimmen und selbst ihre Nahrung suchen. Als erwachsene Vögel gehören sie dank ihres farbenfrohen Gefieders zu den schönsten in der Meereslandschaft.

A u-
sternfischer sind die Charaktervögel des Wattenmeeres und der Nordseeküste. Ob Sommer oder Winter, Tag oder Nacht – immer sind die Rufe dieser auffälligen Vögel zu hören. Mit Ebbe und Flut fliegen sie hin und her, und sommertags findet man auf Inseln und Halligen zahlreiche Brutplätze oder beobachtet die Vögel bei der Führung ihrer Jungen.

Nordsee und Wattenmeer sind die Heimat der Seehunde. Während sie bei Flut in den Prielen und Wattenströmen nach Fischen jagen, liegen sie bei Ebbe rudelweise auf den Sänden und lassen ihr Fell von der Sonne trocknen. Hier werden auch im Juni und Juli die Jungen geboren, die bald schwimmfähig sein müssen: Wenige Stunden nach der Geburt geht die Flut über alles hinweg. Oft ruhen die Tiere dicht an der Prielkante, damit sie bei Gefahr schnell untertauchen können. Aber seit 1972 werden Seehunde nicht mehr gejagt, und auch die Seuche des Sommers 1988 ist überstanden.

Angespülte Muschelschalen bedecken in vielfältigen Formen und Farben wie ein Mosaik den Strand. Miesmuscheln, Herz- und Plattmuscheln und andere Arten liegen hier bunt durcheinander. Fast alle Muscheln leben eingegraben in Sand und Schlick, und was man an Schalen am Strand findet, sind nur die Überreste längst abgestorbener Tiere.

Die Nacht am Wattenmeer ist voller Leben. Während der Vollmond über die Balken einer Buhnenreihe wandert, knistern in Sand und Schlick Schnecken, Muscheln und Krebse, rufen von nah und fern nahrungssuchende Vögel. „Ich höre des gärenden Schlammes geheimnisvollen Ton – einsames Vogelrufen, so war es immer schon …", schrieb Theodor Storm über die Dämmerstunde am Wattenmeer.

HELGOLAND – DIE HEILIGE INSEL DER FRIESEN

Helgoland, rund fünfzig Kilometer vor der deutschen Nordseeküste einsam im Meer liegend, ist eine Insel besonderer Art. An ihrer Felsschichtung und an der Beschaffenheit des Untergrunds läßt sich ein langes und eindrucksvolles Kapitel der Erdgeschichte mit aufregenden Naturvorgängen ablesen.

Im Erdmittelalter, im Perm, vor etwa 200 Millionen Jahren, lagerte sich durch oxydierende Eisenbeimengungen braunrot gefärbter Buntsandstein als Verwitterungsschutt umliegender Hochgebirge in einem Urmeer ab, dessen Wellenrippel noch heute auf den Felsplatten zu erkennen sind. Die auf dem absinkenden Becken des Meeresbodens auflagernde Schicht erreichte eine Mächtigkeit von etwa 600 Metern, wurde aber in den nachfolgenden Jahrmillionen von Muschelkalk-Schichten überlagert und zu Stein gepreßt.

Im Tertiär kam die mächtige Lage des Zechsteinsalzes unter der Buntsandsteinschicht in Bewegung. Etwa 600 Meter westlich der heutigen Insel Helgoland brach das Gestein auf und wurde vom aufsteigenden Salz allmählich aus einer Tiefe von etwa 3000 Metern an die Oberfläche gehoben. Dabei steilte sich der westliche Teil höher auf als der östliche, und deutlich zeigt sich bis heute die von Westen nach Osten einfallende Schichtung des Buntsandsteinfelsens.

Heute ragt der Block von Helgoland etwa sechzig Meter hoch aus dem Meer; er war aber einmal sehr viel höher. Gletscher der Eiszeit haben die Spitze plattgehobelt, und die Verwitterung des nicht sehr harten Felsens sowie die unermüdliche Angriffstätigkeit der Nordsee haben das weitere getan. Helgoland ist heute – inklusive Düne – nur noch knapp zwei Quadratkilometer groß, und Teile der Insel sind noch in jüngster Zeit künstlich aufgespült worden. Bis zur Bronzezeit, also bis etwa 1000 v. Chr., war der Felsen vermutlich noch über eine Landbrücke mit dem Festland verbunden, aber das ansteigende Weltmeer flutete darüber hin. Rundum begann die Brandung am Felsen zu nagen und bildete Steilkanten aus. Im Gefolge der zerstörerischen Tätigkeit des Meeres entstanden Felstore und Einzelfelsen wie der „Mönch“ und die „Lange Anna“. Um den zwar langsamen, doch steten Abbruch zu unterbinden, baute der Staat in der Zeit von 1910 bis 1926 eine Mauer vor der Westküste und verlängerte diese 1938 um die „Lange Anna“ herum hinaus in die See.

Die heutige „Düne“ trug noch bis zum 17. Jahrhundert eine hohe Klippe aus Muschelkalk, den die Helgoländer jedoch abbauten und – vor allem nach Hamburg – verkauften. Schließlich war der Verbindungswall zur Hauptinsel so schmal geworden, daß im Jahre 1720 eine schwere Sturmflut durchbrach. Rasch bildete sich ein Tief aus. Die frühere Größe der Insel läßt sich am umliegenden Felswatt mit seinen Abrasions-(Abtragungs-)terrassen ungefähr erahnen.

Der feste Grund des Felsbodens bietet sowohl über wie auch unter der Niedrigwasserlinie Raum für eine Fauna und Flora, die sich von der in den Sand- und Schlickwatten der Nordseeküste deutlich unterscheidet. Zugleich weist Helgoland, der einzige „Vogelfelsen“ an deutschen Küsten, felsbrütende Vogelarten auf, die innerhalb deutscher Grenzen nur hier zu finden sind. Besonders eindrucksvoll sind die Brutkolonien der Trottellummen auf den schmalen Felssimsen und Bändern, ebenso jene der Dreizehenmöwen. Und auch Eissturmvogel und Tordalk sind mit einigen Brutpaaren vertreten. Unentwegt wehen in der sommerlichen Brutzeit Vogelrufe über die Westklippe herauf, und pausenlos schwärmen die Vögel zwischen Felswand und Meer hin und her. Im Juni, Juli müssen die jungen Lummen, nur wenige Wochen alt und noch flugunfähig, den Sprung vom hohen Felsen ins Meer wagen und schwimmen dann mit den Eltern hinaus auf die Nordsee. Die jungen Dreizehenmöwen dagegen bleiben im Nest, bis sie flügge sind.

Helgoland heißt in der friesischen Sprache, die auf der Insel von den Ureinwohnern noch heute gesprochen wird, „heiliges Land“. Ob hier in der Nähe das sagenumwobene Atlantis gelegen hat, ist bei Altertumsforschern und Geologen bis heute umstritten. Eindeutig belegt ist aber, daß der hoch aufragende Felsen während der Vor- und der Frühzeit für die Küstenbewohner eine bedeutende Rolle spielte. So ist zum Beispiel belegt, daß in der Stein- und Bronzezeit zahlreiche Gräber auf Helgoland angelegt wurden, und während der Zeit des Asaglaubens war die Insel Sitz des Gerichtsgottes Fosete. Vergeblich versuchte 699 der Bischof von Utrecht, Willibrord, die Helgoländer mit ihrem Häuptling Radbod zum Christentum zu bekehren. Auch der heilige Wulfram hatte um 718 keinen bleibenden Erfolg bei seinem Versuch, die neue Religion einzuführen, ebensowenig Luidger, der um 800 als Missionar an der Nordseeküste wirkte.

Erst Jahrhunderte später, als die dänischen Könige, unter deren Oberhoheit Helgoland immer wieder über längere und kürzere Perioden stand, sich zum Christentum bekannten, mußten die Friesen und sonstigen Küstengermanen von ihren mächtigen Göttern Abschied nehmen. Aber in vielen Orts- und Flurnamen, in alten Grabhügeln und in den friesischen Wochentagen sind ihre Namen bis heute lebendig geblieben.

Die kleine Felseninsel in der Nordsee hat eine bewegte politische Geschichte zu verzeichnen. Seit dem Mittelalter wurde die Insel 1234 wechselweise von dänischen Königen, schleswigschen Herzögen, aber auch von der Hansestadt Hamburg beherrscht. Doch die

eigenwilligen Helgoländer fanden auf ihrer abgelegenen Insel immer wieder Wege, ihr Schicksal selbst zu bestimmen. Auch die großen Seeräuber und Landräuber jener Zeit, Klaus Störtebeker, Goedeke Michels und Peter Viben, fanden auf Helgoland Unterschlupf, und manche geschichtlich bedeutende Seeschlacht wurde im Gewässer rund um die Insel geschlagen.
Beispielsweise wurde Helgoland im Juli 1684 von einer kleinen Flotte dänischer Schiffe erobert, kam jedoch schon fünf Jahre später wieder in den Besitz des Herzogs zu Schleswig-Gottorf; erst 1714 konnte die Insel nach heftigem Bombardement von der dänischen Flotte zurückerobert werden. Bis 1807 blieb die Insel nun unter dem Danebrog und lebte ein knappes Jahrhundert in Frieden. Aber dann überzog Napoleon Europa mit Kriegswirren. Im Gefolge des Krieges zwischen Großbritannien und Dänemark wurde Helgoland im September 1807 von britischen Truppen besetzt und blieb nun bis 1890 englisch.
Unter britischer Herrschaft erlebten die Helgoländer eine friedliche Zeit. Sie nutzten die Jahre der Kontinentalsperre für den äußerst lukrativen Schmuggel von Kolonialwaren zum blockierten europäischen Festland. Die Auseinandersetzung zwischen Dänemark und Schleswig-Holstein sowie mit dem Deutschen Bund Mitte des 19. Jahrhunderts erlebten die Insulaner nur als aufmerksame Zuschauer.
1826 begannen die Helgoländer mit dem Aufbau ihrer Badeanstalt. Da die Insel in den Dampferverkehr zwischen England und Hamburg einbezogen wurde, zählte sie 1838 schon über tausend Gäste. Spielkasino und Strandpavillon wurden errichtet, und ab 1866 erfolgte ein regelmäßiger Bäderverkehr von Bremen und Hamburg nach Helgoland. Außer mit Fischerei und Hummerfang machten sich die Helgoländer als Lotsen einen Namen und leiteten Schiffe zur Elbeinfahrt. Schon 1810 hatten die Engländer einen Leuchtturm errichtet und dabei mehr Glück gehabt als ein Holländer, der 1670 eine „Feuerblüse“ auf Helgoland anlegte, aber von den Insulanern vertrieben wurde, weil er ihnen mit dem Markierungszeichen das Lotsengeschäft verdarb.

Bis zu sechzig Meter hoch ist der im Tertiär aus der Tiefe gehobene Felsblock von Helgoland – am Nordwestende das Wahrzeichen, die „Lange Anna“.

Am 9. August 1890 kam es abermals zu einem folgenreichen politischen Einschnitt im Inselleben: Helgoland wurde im Tausch gegen deutsche Kolonialrechte auf Sansibar und Wituland von den Briten an das Deutsche Reich abgetreten. 1908 ließ Kaiser Wilhelm II. einen Kriegshafen anlegen, womit die Insel nach langen Friedensjahren wieder einen militärischen Status erhielt – mit allen Folgen, die sich daraus ergaben. Bei Ausbruch des Ersten Weltkriegs 1914 wurde die gesamte Inselbevölkerung aufs Festland evakuiert und kehrte erst nach Kriegsende zurück. Nur kurz war die Friedensphase bis zum nächsten Weltkrieg 1939, an dessen Ende die völlige Zerstörung der Insel stand. Bei einem Bombenangriff kurz vor dem Ende des Zweiten Weltkriegs wurden fast alle Häuser zerstört, die Helgoländer wurden wiederum aufs Festland evakuiert. Die Sprengung einer großen Munitionsmenge 1947 und der jahrelange Mißbrauch der Insel als Übungsziel für Bomber vollendeten das Vernichtungswerk. Erst 1952 erfolgten Freigabe und Wiederaufbau der Insel zum neuen, heutigen Bild.

SYLT, FÖHR, AMRUM – INSELN DER EISZEIT

Die drei friesischen Geschwisterinseln Sylt, Föhr und Amrum verdanken ihre Entstehung im wesentlichen den Eiszeiten, insbesondere der Saaleeiszeit vor etwa 150 000 Jahren, die mit ihren Gletschermassen am weitesten südwärts drang und Wälle von Geröllschutt und Geschiebelehm sowie Gletscherseen und Schmelzwasserrinnen in Nordeuropa hinterließ. Dank einer Erdaufwölbung im Miozän lagerten sich im Bereich der heutigen drei Inseln die Geestblöcke so hoch auf, daß sie, als am Ende der letzten Eiszeit vor etwa 20 000 Jahren das Weltmeer durch die abschmelzenden Eismassen wieder anstieg, weiterhin aus den Fluten ragten, während ringsum die Marschen und Moore versanken. Diese Geestblöcke bildeten den Kern der späteren Inseln. Erst sehr viel später, wahrscheinlich erst im frühen Mittelalter, wuchsen den beiden Geestblöcken von Sylt und Amrum im Norden und Süden durch aufgespülte Seesandmassen Nehrungshaken zu, und es entstanden auf beiden Inseln Dünen. Auf Föhr allerdings fehlen diese – bis auf niedrige Strandwälle – ganz; dort hat sich fruchtbare Marsch im Lee der Inselgeest abgelagert.

Sylt ist mit knapp hundert Quadratkilometern Fläche die größte deutsche Nordseeinsel. Der Geestblock befindet sich im Zentrum zwischen Westerland, Kampen und Morsum, während das Listland und ebenso die lange Südspitze bei Hörnum Dünen-Nehrungen auf flachen, abrasierten Geestplatten sind. Hörnum war bis weit in das 19. Jahrhundert hinein Tummelplatz inselfriesischer Strandräuber. Weiter zurück, vom 15. bis 17. Jahrhundert, hatten die Sylter Heringsfischer hier ihre Station, und der Ort war auch Schauplatz der Geschichte um den friesischen Freiheitshelden Pidder Lyng. Erst nach 1900 erfolgte eine Neubesiedlung, als ein neuer Anleger in Hörnum errichtet wurde, über den – bis zum Bau des Hindenburgdamms 1927 – fast der gesamte Seebäderverkehr der Insel abgewickelt wurde. Eine Inselbahn sorgte ab 1901 für die Weiterfahrt nach Westerland. 1907 folgte dann der Bau eines Leuchtturms. Der heutige Ort geht weitgehend zurück auf Militäranlagen, die während der nationalsozialistischen Herrschaft errichtet wurden. Ähnliches gilt auch für den nördlichsten Ort von Sylt, List. Bis das Gebiet von Militär in Besitz genommen wurde, gab es hier nur einige Bauernhöfe, Erbpachthöfe aus der Zeit, als das Listland unmittelbar zum Königreich Dänemark gehörte (bis 1864) und infolgedessen politisch von der übrigen Insel getrennt war. Zehntausende von Seevögeln brüteten damals in den Dünen von List, und die alljährliche kontrollierte „Eierernte" war eine wichtige Einnahmequelle der Listlandbauern. Heute sind fast alle Seevögel durch die über den Hindenburgdamm eingewanderten Füchse vertrieben.

„Hauptort" der Insel Sylt war jahrhundertelang Keitum, das Dorf der Kapitäne, die sich hier zur Ruhe setzten und in vielen wichtigen Ämtern zum Wohl der Inselgemeinschaft wirkten. Auch heute noch ist Keitum mit seinen alten Friesenhäusern und den beiden Museen sowie der großen Wehrkirche St. Severin ein Mittelpunkt der Insel. Westerland wurde erst 1855 Nordseebad und verlor durch den Bau von „Logierhäusern" und Hotels bald seinen ursprünglichen Charakter. Wie andere Sylter Orte hatte auch Westerland einen Vorläufer, das Dorf Eidum, das einige hundert Meter vor der heutigen Küste lag und Anfang des 15. Jahrhunderts infolge ständigen Uferabbruchs aufgegeben werden mußte. Ein ähnliches Schicksal hat auch Rantum zu verzeichnen. Das heutige Dorf ist das fünfte, das seit dem Mittelalter erbaut wurde. Die vorherigen sind von Sturmfluten zerstört oder von Wanderdünen begraben worden, zuletzt – mitsamt der Kirche – im Jahre 1801. Rantum soll nach der Meeresgöttin Ran, Eidum nach deren Gatten Eia (Ägir, Ekke Nekkepen) benannt worden sein. Kein Wunder also, daß beide in den Fluten versanken. Wenningstedt erlitt ein gleiches Schicksal. Der alte Friesenhafen ging vermutlich um 1362 verloren, und der heutige Ort liegt ebenfalls weiter landeinwärts. Kampen hingegen macht erst seit neuerer Zeit von sich reden. Das alte Friesendorf auf der einsamen Hochheide wurde kurz nach 1900 von der Prominenz des Geistes und der Kunst entdeckt.

Sylt ist eine Insel großartiger, kontrastreicher Naturlandschaften mit einsamen Heiden, weiten Marschen, Wanderdünen, steilen Kliffs und einer Brandung, die an keinem anderen Strand der Nordseeküste eindrucksvoller ist als hier. Aber die Mächtigkeit der Brandung ist auch die Ursache anhaltender Zerstörungen, und seit langem ist Sylt eine sterbende Insel. Wenn Sylt einmal die „Geliebte" des „blanken Hans" gewesen ist, so ist er ihr schon vor Jahrhunderten untreu geworden und hat sich der kleinen Nachbarinsel Amrum zugewandt.

Amrum ist eine kleine Landschaftskopie von Sylt. Auch hier liegt im Zentrum ein geschlossener Geestblock, dem im Norden und Süden Dünen-Nehrungen angelagert sind und den in breiter Front von Westen her Dünen überwandert haben. Sie bedecken heute etwa die Hälfte der Inselfläche von rund zwanzig Quadratkilometern. Ein breiter Streifen Heide zieht sich über die ganze Inselmitte, aber ein großer Teil wurde Mitte dieses Jahrhunderts aufgeforstet, so daß Amrum heute die waldreichste Nordseeinsel ist. Man hat vor allem Kiefern und Fichten angepflanzt, von denen einige Arten sich jedoch nur mit Mühe gegen den ständigen Seewind behaupten konnten. Wie auf Sylt und Föhr finden sich auch auf der Amrumer Geest etliche Zeugen vor- und frühgeschichtlicher Besiedlung, beginnend mit den mächtigen Findlingskammern der Jungsteinzeit. Aus der Bronzezeit sind zahlreiche Hügelgräber erhalten, ebenso Gräberfelder und Siedlungsplätze aus der Eisen- und Wikingerzeit. Einige dieser Stätten sind fast unversehrt bewahrt geblieben, weil sie jahrhundertelang unter Dünen verborgen waren. Im Bereich der Amrumer Dünen sind Spuren einiger Dörfer aus den ersten Jahrhunderten unserer Zeitrechnung zu finden, aber auch Ackerländereien, die im Mittelalter bearbeitet wurden.

Die heutigen Dörfer sind jüngeren Ursprungs. Süddorf und Norddorf tragen schon deutsche Namen, nicht mehr friesische wie die Dörfer mit der Endung „-um" („-heim") auf Sylt und Föhr. Nebel heißt „Neues Bohl" („Bohle" = Siedlungsboden, Siedlungsgrund). Erst Anfang des 16. Jahrhunderts entstand das Dorf um die einsam im Feld liegende St. Clemens-Kirche. Wittdün wurde erst im Jahre 1890 als reiner Badeort mit inselfremden Architekturen wilhelminischen Stils gegründet und fällt auch heute noch, nach mehreren Abbruch- und Umbauphasen, ganz aus dem Rahmen.

Das auffälligste natürliche Merkmal der Insel Amrum ist der Kniepsand, eine fast einen Kilometer breite, hohe Sandbank, die der gesamten Westküste vorgelagert ist. Ursprünglich lag der „Kniep" als schmaler Sandarm vor der Inselküste, lediglich im Südwesten mit Amrum verbunden; erst Anfang des 20. Jahrhunderts entwickelte sich die Bank durch eine umfangreiche Sandzufuhr zu einer geschlossenen Fläche. Der Kniepsand ist heute eine rund zehn Quadratkilometer große tischebene Landschaft leuchtender Leere, ein Spielfeld für stiebende Sandschlieren und wandernde Wolkenschatten, ein unerschöpflicher Freiheitsraum für Sommergäste – und ein unbezahlbarer Küstenschutz für Amrum. Die Probleme der Nachbarinsel Sylt sind hier fast unbekannt.

Föhr nennt sich „die grüne Insel" und weist einen ganz anderen Landschaftscharakter auf als die Geschwisterinseln Sylt und Amrum. Im Lee der sanftgewellten Geest hat sich umfangreiches Marschenland gebildet. Von den rund achtzig Quadratkilometern der Insel bestehen fünfzig aus diesem fruchtbaren Wiesenland und ermöglichen eine intensive Landwirtschaft.

Rund vierzig Aussiedlerhöfe – so nennt man Bauernhöfe, die aus einer geschlossenen Ortschaft aufs freie Feld verlegt worden sind – liegen heute verstreut in der Marsch, die vor der landwirtschaftlichen Sanierungsmaßnahme unbewohnt war. Obwohl die 16 Dörfer Föhrs auf sturmflutsicheren Geesthöhen angelegt waren, wurde Ende des 15. Jahrhunderts ein Deich von 23 Kilometern Länge um die Marsch gebaut, offenbar um Heuernte und Viehherden zu schützen. Im Schutze des Deichs liegen auch sechs kleine „Wäldchen", Vogelkojen, die im 18. und 19. Jahrhundert nach holländischem Vorbild angepflanzt wurden und dem Fang von Wildenten dienten bzw. noch heute dienen. Denn einige Föhrer Kojen-Inhaber besitzen heute noch die Fangkonzession und dürfen – wenn auch mit Auflagen – nach altertümlicher Weise im Herbst durchziehende Wildenten in ihre Netze locken. Auf Sylt und Amrum sind die dortigen Vogelkojen schon in den dreißiger Jahren unseres Jahrhunderts stillgelegt worden.

Viele Bewohner von Föhr aber machten sich vor allem einen Namen als Walfänger und Seefahrer. Keine andere abgeschlossene Lebensgemeinschaft hat jemals so viele Commandeure und Kapitäne über die Eis- und Weltmeere gesandt wie Föhr.

Merkzeichen des Föhrer Landes sind die drei Großkirchen St. Nicolai zu Boldixum-Wyk, St. Johannis in Nieblum und St. Laurentii auf Westerlandföhr. St. Johannis ist die größte Dorfkirche im Lande und wird auch „Friesendom" genannt. Ihr wuchtiger Turm überragt ein Friesenhausdorf, das zu den schönsten an der Nordseeküste gehört. Aber auch die anderen Föhrer Dörfer haben historische Ortskerne, in denen die Zeit stehengeblieben zu sein scheint.

Nur das Seebad Wyk fällt ganz aus diesem traditionellen Siedlungsrahmen. In wirtschaftlich schwieriger Zeit wurde 1819 die „Badeanstalt" gegründet, und eine besondere Epoche von Glanz und Gloria erlebte der Ort in den vierziger Jahren des 19. Jahrhunderts, als das Herzogtum Schleswig, mithin auch Osterlandföhr noch zum dänischen Gesamtstaat gehörte und der dänische König Christian VIII. alljährlich in Wyk Sommerresidenz hielt. Aber auch nach dem Wechsel zu Preußen bzw. zum Deutschen Reich im Gefolge des Krieges von 1864 entwickelte sich der Badeort kontinuierlich weiter. Der Hafen, in seiner ersten Form 1704 entstanden, und der Anleger mit dem Hin und Her der Fährschiffe geben der gemütlichen Badestadt auch heute unverändert ein maritimes Gepräge.

Der Kniep-
sand von Amrum gehört zu den eigenartigsten Landschaften an der deutschen Nordseeküste. Die etwa zehn Quadratkilometer große Sandbank ist vom Meer aufgebaut – ein Geschenk des „blanken Hans“ an seine Geliebte –, und immer noch wandern von See her neue Sände heran. Trockene Sommerwinde haben in den Sand ein Muster eingeformt, wie es sonst durch Wellen geschieht.

Der Himmel im Herbst ist ein Spielfeld atlantischer Tiefausläufer. Schnell ziehen blauschwarze Wolkenwände auf und regnen sich in prasselnden Schauern aus. Aber dann reißt der Wind das Gewölk wieder auf, die Dünen leuchten im Sonnenlicht, und ein Regenbogen spannt sich über die Landschaft am Meer.

Im Hochsommer, etwa von Anfang August an, blüht in den Dünentälern von Sylt und Amrum und auf den Ostfriesischen Inseln die Heide – ein letzter Gruß des Inselsommers. Schon mehren sich um diese Zeit die Stimmen des Herbstes, die wehmütigen Rufe der nordischen Durchzugsvögel draußen im Watt. Und in den Dünen fallen – ehe sie südwärts entschwinden – Scharen von Regenbrachvögeln ein, um von den reifen Krähenbeeren zu äsen.

Windstiller Tag am Wattenmeer. Die Wolken sind – ihrer Antriebskraft beraubt – stehengeblieben, spiegeln sich in den Pfützen der Ebbezeit und warten auf den nächsten Wind, um weiterzuwandern. An solchen Tagen lädt das Watt zu Wanderungen von Insel zu Insel und von Hallig zu Hallig ein, um Tiere und Pflanzen dieser amphibischen Landschaft aufzuspüren.

Herbst an der Nordseeküste. Die Wolken hängen tiefer, und trübe schäumt die See. Die Inselküsten verschwimmen in diesiger Luft, aber die Leuchttürme trotzen auch dieser Witterung. Ein Sturm zieht auf; zwischen dem sich zusammenballenden Gewölk findet die Sonne nur für wenige Minuten ihren Weg zu Inseln und Meer.

Von vielen Häfen der Nordseeküste laufen am frühen Morgen Krabbenkutter aus und kehren im Laufe des Tages mit frisch gekochten Meerestieren in ihre Heimathäfen – hier Wyk auf Föhr – zurück. Husum, Büsum, Friedrichskoog und Greetsiel sind die Namen anderer bedeutender Krabbenkutterhäfen. Hier kann der Sommergast direkt vom Kutter frische Krabben kaufen – die richtig Garnelen heißen, plattdeutsch aber auch Porren, in Ostfriesland Granat genannt werden – und seine Geschicklichkeit beim Auspulen prüfen.

SD 4

HALLIGEN – GERAUBT UND GEGEBEN VOM MEER

Halligen gibt es nur im nordfriesischen Wattenmeer. Aus der Vogelperspektive erscheinen sie bei Ebbe wie grüne Oasen im trokken gefallenen Watt und bei Flut wie losgerissene, treibende Rasenflächen. Von vorüberfahrenden Schiffen oder vom Deich des Festlandes aus liegt das Halligland wie ein feiner Strich auf dem Horizont. Nur die Warften, künstlich aufgeworfene Hügel, auf denen sich die Häuser zusammendrängen, heben sich deutlich hervor – bei Sturmfluten von der Brandung umdrängt gleich gestrandeten Schiffen, an windstillen Sommertagen wie eine Fata Morgana glasig flimmernd in den Himmel gehoben und dem Meere entrückt.

Halligen sind zugleich Überreste und Gaben der Nordsee. Wo heute das Wattenmeer ist, war einmal Land. Es wurde durch den nacheiszeitlichen Anstieg des Meeresspiegels und durch Sturmfluten zerstört. Gleichzeitig aber lagerten sich die Schlickmassen der aufgelösten Landflächen über strömungsruhigen Gebieten wieder ab, wuchsen Millimeter um Millimeter auf und bildeten, dem Meer entsteigend, neues Land. So entstanden über den im Mittelalter versunkenen Marschen und Mooren neue Halligen, deren Niveau etwa zwei Meter höher liegt als das mittelalterliche Kulturland. Aber kaum aufgewachsen, wurden die Halligen rundum an allen Ufern durch Strömung und Brandung wieder abgebaut. Und die heutigen Halligen, die erst gegen Ende des 19. Jahrhunderts durch Steindecken einen dauernden Uferschutz erhielten, weisen nur noch ein Zehntel bis ein Drittel ihrer ursprünglichen Größe auf. Heute zählt man neun dieser kleinen Eilande: Langeneß, Hooge, Oland, Gröde, Nordstrandisch-Moor, Habel, Südfall, Süderoog, Norderoog.

In keiner anderen Küstenlandschaft leben die Menschen so unmittelbar mit dem Meer wie auf den Halligen. Bei Sturmfluten steigt die Nordsee über das nur knapp meterhohe Halligland und brandet um die Warften – „Land unter“, ein Ereignis, das die Halligbewohner im Jahresdurchschnitt zwanzigmal und öfter erleben. Aber die Nordsee, die Mordsee, steigt bei Orkanfluten nicht selten auch über die Warften und hinterläßt Tote und Trümmer. So ist die Geschichte der Halligen – wie die der benachbarten, aber hoch eingedeichten Marscheninseln Pellworm und Nordstrand – vor allem eine Geschichte der großen Sturmfluten. Im Oktober 1634, in der Weihnachtsnacht 1717 und in der Neujahrsnacht 1720 gingen hohe Fluten über alles hin, und zahlreiche Menschen ertranken. Besonders verheerend aber war die Sturmflut in der Nacht vom 3. zum 4. Februar 1825, die fast vier Meter über Normal stieg – bis heute erreichte das Wasser nur wenige Male einen höheren Pegelstand. Von den 330 Häusern, die es seinerzeit auf den 13 Halligen gab, blieben nur 27 bewohnbar. Von reichlich 900 Einwohnern aller Halligen verloren 75 ihr Leben, und über 1700 Schafe und Kühe ertranken. Viele der Überlebenden flohen nach Föhr oder zum Festland und kehrten nie wieder auf die Heimathallig zurück. Im Sommer des Katastrophenjahres 1825 besuchte der oberste Landesherr, der dänische König Friedrich VI., die Halligen und übernachtete auf Hooge im Hause des früheren Kapitäns Tade Hans Bandix, wo er im Wandbett der „guten Stube“ schlief. Seitdem wird dieser Raum „Königspesel“ genannt – man kann ihn heute besichtigen. Während damals zahlreiche Halligbewohner vor den Naturgewalten flohen, blieben andere und bauten wieder auf. „Unbegreifliche Liebe hält sie an ihrer verwüsteten und sterbenden Heimat fest ...“, notierte ein Chronist jener Tage. Die Halligen starben weiter. Erst als ihre Bedeutung als Wellenbrecher für die Festlandsdeiche erkannt wurde, entschloß sich die Regierung, die Halligen zu schützen.

Das Leben der Halligleute war stets zur See gewandt. Traktate britischer und dänischer Könige aus der Zeit um 1660 bis 1680 weisen auf eine lebhafte Handelsschiffahrt mit Großbritannien und Norwegen hin, ebenso die Tatsache, daß es in jener Zeit ein „Seegericht“ auf Oland gab. Vorwiegend waren die Halligbewohner mit eigenen Frachtschiffen unterwegs, später machten sie sich auch in Kopenhagen, Hamburg, Amsterdam und anderen Häfen einen Namen als Kapitäne dortiger Reeder, deren Schiffe sie nach Ostindien, Westindien und über die anderen Meere der Welt führten. Ebenso nahmen die Männer der Halligen, vom zwölfjährigen Knaben bis zum noch rüstigen Greis, in Diensten der Hamburger und Holländer am Walfang im nördlichen Eismeer teil. Zeugnisse dieser Zeit sind die mit Fliesen und wertvollen Mitbringseln ausgestatteten Seefahrerstuben, der schon genannte „Königspesel“ auf der Hanswarft von Hallig Hooge sowie die Kapitänsstuben auf Honkens- und Ketelswarft der Hallig Langeneß. In der Kirche von Hallig Oland erinnert ein Epitaph an den Schiffer Ipke Paulsen, der 1687 auf der Fahrt von Drontheim nach England von türkischen Seeräubern gekapert, aber von einem französischen Kriegsschiff wieder befreit wurde. Und in der Kirche von Hallig Hooge weist eine kunstvoll geschnitzte Tür zur Kanzel, auf der ein Wal dargestellt ist, auf den bedeutenden Commandeur Lödde Ragsen hin, der von 1734 bis 1751 holländische Walfangschiffe führte. An den Decken aller Halligkirchen hängen Modelle von Segelschiffen, Symbole der Fürbitte aus jahrhundertelanger Seefahrerzeit, die heute nur noch Vergangenheit ist.

Auch in anderer Hinsicht spiegeln die Halligkirchen, die übrigens kaum höher gebaut sind als die Wohnhäuser, die Verbindung zum Meer wider. Die Hooger Kirche birgt eine wertvolle Kanzel, den Taufstein und das Gestühl einer untergegangenen Kirche von Alt-Nordstrand. Das Kruzifix trieb nach einer Sturmflut an. Und alle Halligkirchen erinnern mit Sturmfluttafeln an die Orkanflut im Februar 1962, als das Wasser meterhoch in den Kirchenräumen stand und die Friedhöfe verwüstet wurden.

Neben der Seefahrt spielte und spielt die Landwirtschaft eine gewisse Rolle, allerdings nur als Viehhaltung, da regelmäßige Überflutungen den Anbau von Getreide und Feldfrüchten nicht zulassen. Nur eine Grasvegetation, die gelegentlich Salzwasser verträgt, kann hier gedeihen. Die Landwirtschaft wurde noch bis Ende des vorigen Jahrhunderts nach den altertümlichen Regeln der sogenannten „Allmende“ betrieben. Die Halligbauern hatten keine fest zugemessenen Landflächen, sondern ihnen standen nur bestimmte – ererbte oder erworbene – Anteile des Landes mit dem entsprechenden Viehbestand und der Heumahd zu; alljährlich wurde das Land nach genauen Regeln gewechselt. Mit diesem komplizierten Verfahren sollten die ständigen Landverluste gerecht auf alle verteilt werden. Erst nach erfolgtem Uferschutz kamen die alten Regeln außer Gebrauch. Das Halten von Kühen und Schafen ist auch heute noch eine der Erwerbsgrundlagen auf den Halligen. Das Vieh gehört entweder den Halligbauern selbst, oder es handelt sich um sogenanntes „Pensionsvieh“, das im Frühjahr per Schiff auf die Halligen gebracht und im Herbst wieder abgeholt wird. Die Halligbewohner verpachten dafür ihre oft umfangreichen Landflächen an Landwirte von Pellworm, Nordstrand und dem Festland.

Weites Land und ein hoher Wolkenhimmel prägen das Bild der Halligen. Dunkel heben sich die Warften mit den zusammengedrängten Häusern über den Horizont.

Bis Mitte unseres Jahrhunderts vollzog sich das Halligleben nach fast mittelalterlichen Methoden, weil Verkehrsferne und geringe Bevölkerungszahl dem „Fortschritt“ im Wege standen. Für die Versorgung mit elektrischem Strom wurden zunächst Wind-, dann Dieselaggregate aufgestellt, die allerdings nur einen beschränkten Gebrauch von Elektrogeräten zuließen. Erst in den fünfziger bis siebziger Jahren erhielten die Halligen eine Stromleitung vom Festland, metertief in den Wattboden eingespült. Ebenso spät wurde eine Süßwasserleitung zu den Halligen verlegt. Bis dahin mußte Regenwasser von den Hausdächern in Hausbrunnen und in den Feeting, den Süßwasserteich für die Viehtränke inmitten der Halligwarften, geleitet werden. Kuhmist fand noch lange Verwendung als Brennmaterial. Er wurde auf dem Warftrasen zu einer Fläche ausgebreitet, geklopft und getreten und nach dem Trocknen zu Platten gestochen, die man „Ditten“ nannte. Sie brannten ähnlich wie Torf.

Mehr noch aber als der technische Fortschritt hat die Architektur das alte, von Gemälden vertraute Bild der Halligen verändert. Im Zuge der Halligsanierung, beschleunigt durch die Zerstörungen alter Häuser in der Orkanflutnacht des 16./17. Februar 1962, wurden neue, gesichtslose Häuser gebaut, die äußerlich ohne jede Bindung an die Traditionen des Halliglebens sind. Allerdings wurden diese neuen Häuser nach dem alten „Ständerprinzip“ erbaut, das Dachgeschoß also durch mächtige Betonpfeiler gesichert. Wenn bei großen Sturmfluten die Hausmauern einstürzen, bleibt das Dachgeschoß als Zufluchtsort für die Bewohner auf diesen Ständern stehen.

Das Ziel der landwirtschaftlichen Sanierung konnte nicht erreicht werden. Die Veränderungen für die Landwirtschaft im Großraum der Europäischen Gemeinschaft stellten auch die Rentabilität der einzelnen Hallighöfe in Frage. Viele wurden in den letzten Jahren „umgewidmet“, Ställe und Scheunen mit Ferienzimmern ausgebaut. Heute ist der Fremdenverkehr auch für die meisten Halligen die vorrangige Erwerbsquelle.

Im Kranz der heute noch vorhandenen neun Halligen – die Hamburger Hallig ist längst landfest, Gröde und Appelland sind ebenso zusammengewachsen wie Nordmarsch, Butwehl und Langeneß – sind einige von Menschen verlassen und werden nur noch im Sommer bewohnt. Und doch herrscht ein reges Leben – durch Tausende von Seeschwalben, Austernfischern und Möwen, die hier brüten.

Manches hat sich verändert auf den Halligen, aber geblieben sind das ruhelose Hin und Her von Ebbe und Flut und die unfaßbare Weite und Einsamkeit unter Wolken und Wind.

Halligen sind grüne Eilande unter ewigem Wind, dem sich kein Baum, kein Strauch entgegenstellt. Die Warften mit den wenigen Häusern liegen einsam, immer eine Welt für sich. Prielähnliche Wasserläufe durchströmen das ebene Land und bezeugen wie die Bodenschichtungen den Ursprung der Halligen aus dem Meeresgrund.

Tischplatteneben liegt das grüne Halligland, kaum einen Meter hoch über dem Meeresspiegel. Nur die Hügel der von Menschen aufgeworfenen Warften ragen darüber hinaus. Hier drängen sich – zum Schutz gegen Sturmfluten – die Häuser zusammen. Über dem niedrigen Land ist der Himmel besonders hoch, Spielfeld für Wind und Wolken. Kein Mensch weit und breit, nur Kühe bewegen sich weidend über die Ebene.

Über dem Halligmeer geht der Mond auf. „Die Wasser ebben, die Vögel ruhn, der liebe Gott geht auf leisen Schuhn …“, dichtete Detlev von Liliencron in seiner dramatischen Ballade „Trutz Blanke Hans“ über den Untergang von Rungholt, dessen Kirchenglocken in Vollmondnächten noch heute zu hören sein sollen. Sturmfluten wie jene, denen Rungholt zum Opfer fiel, treten nur ein- oder zweimal im Jahrhundert auf. Regelmäßiger hingegen ist das Wirken des Mondes, dessen Anziehungskraft Ursache für Ebbe und Flut ist.

INSELLEBEN, ZUR SEE GEWANDT

Seit Jahrtausenden ist das Leben an der Küste und auf den Inseln zum Meer gewandt. Schon früh suchten und fanden die Bewohner der hohen Geestinseln und der Marschenküste Schiffswege zu Mittelmeerländern, um Handel mit Bernstein zu betreiben. Dieser wurde damals an der Nordseeküste in beachtlichen Mengen gefunden. Er war im Süden Europas, in den Hochkulturen rund um das Mittelmeer, als Schmuck begehrt. Die Tauschgaben, die die Händler dafür erhielten, leiteten in Nordeuropa die Bronzezeit ein.

Als dann vor und nach der Zeitrechnung die Küstengermanen west- und südwärts wanderten, begannen Friesen das nun menschenleere Land zu besiedeln, es mit Deichen gegen die Nordsee zu verteidigen und die Marschen und Moore zu kultivieren. Die Friesen waren zugleich Kaufleute und Handelsschiffer, die ihre Produkte, Vieh und Getreide sowie das nach einem umständlichen Verfahren aus dem Seetorf gewonnene Salz, in andere Länder exportierten. Kurze Zeit darauf kamen die Wikinger mit ihren schnittigen Drachenschiffen, besetzten und besiedelten die Küste. Nach anfänglichen kriegerischen Auseinandersetzungen – darauf deuten die Erdwallburgen auf Sylt, Föhr, Amrum und Eiderstedt hin – lebten Friesen und Wikinger friedlich zusammen und bauten gemeinsam die Handelswege aus. Eine der Stationen war das legendäre Haithabu an der Schlei bei Schleswig.

Seefahrt und Handel mit den Erzeugnissen aus der fruchtbaren Küstenmarsch blieben auch im Mittelalter eine dominierende Erwerbsquelle der Küstenbewohner, aber vom 15. bis zum 17. Jahrhundert spielte auch der Fischfang eine beachtliche Rolle. Große Heringsschwärme tauchten im Seebereich von Helgoland auf, und von den Inseln und der Küste fuhren zahlreiche Kutter aus. In Steuerlisten, den sogenannten „Riemengeldern“, sind Namen und Steuerzahlungen von Fischern genannt; sie dokumentieren die Bedeutung dieser Periode. Um 1625 aber verschwanden die Heringszüge so plötzlich, wie sie 200 Jahre zuvor erschienen waren.

Von etwa 1640 an traten die Küstenbewohner und Insulaner als Walfänger in die Geschichte ein. Holländer und Engländer hatten einige Jahre vorher anläßlich der Suche nach der nordöstlichen Durchfahrt nach Ostindien den Walreichtum im Eismeer entdeckt, und insbesondere die Holländer rüsteten Schiffe aus, um diesen Reichtum auszubeuten. Diese Schiffe waren vorwiegend mit Basken bemannt. Als aber der französische König 1633 den Basken verbot, auf holländischen Schiffen anzuheuern, fanden die Holländer neue Mannschaften unter der seebefahrenen Bevölkerung der Ostfriesischen, vor allem aber der Nordfriesischen Inseln und der Halligen. Bald fuhren zahlreiche Knaben – vom zwölften Lebensjahr an – und Männer bis hinauf ins Greisenalter auf „Grönland“, wie man den Walfang nannte, weil man die Inselgruppe Spitzbergen im Hauptfanggebiet anfangs irrtümlich für die Ostküste Grönlands hielt. Ab 1644 nahmen Hamburger, später auch Reeder und Compagnien in Altona, London, Kopenhagen und anderen Städten am Walfang teil. Und überall dominierten inselfriesische Seeleute vom Schiffsjungen bis hinauf zum Commandeur. Insbesondere Männer aus Föhr und Röm (Rømø) hatten Führungsrollen in Hamburg und Amsterdam inne, aber auch von anderen Inseln wie Sylt, Amrum, Borkum und den Halligen waren Walfänger bis hinauf zum Commandeursrang vertreten. Der bekannteste Commandeur jener Zeit war der von Föhr stammende Matthias Peters, der „glückliche Matthias“, der in Diensten Hamburger und holländischer Reeder im 18. Jahrhundert 373 Wale erbeutete – sonst brachte es in den Jahrhunderten des klassischen Walfangs kaum ein Commandeur auf mehr als 120 Wale. Commandeure, aber auch die anderen höheren Ränge, Steuermänner und Harpuniere, waren am Fangerlös beteiligt und kehrten im Spätsommer mit viel Geld heim. Aber der Walfang war auch voller Gefahren. Schiffbruch inmitten der Eismassen und die Mangelkrankheit Skorbut bedingten eine hohe Todesrate unter den Walfängern; sie lag zeitweilig sogar höher als später jene unter den Soldaten des Zweiten Weltkriegs. Um 1770 war der Walbestand stark dezimiert, und die Fahrten mußten durch intensiven Robbenschlag rentabel gehalten werden, bis von den riesigen Rudeln nur noch wenige Tiere lebten.

Mehr und mehr wandten sich die Inselfriesen nun wieder der Handelsseefahrt zu, sowohl mit eigenen Schiffen auf Nord- und Ostsee wie auch als Kapitäne von Reedern in nordeuropäischen Hafenstädten. Fast überall, in St. Petersburg, Drontheim, Kopenhagen, Hamburg, Altona, Amsterdam und Antwerpen, waren vom 17. bis zum 19. Jahrhundert Kapitäne von Inseln und Halligen zu finden, die Handelsschiffe nach Ostindien, Westindien und schließlich um das berüchtigte Kap Hoorn zur Westküste von Südamerika führten – zuletzt noch bis zum Ersten Weltkrieg hin, dessen Beginn 1914 den Tiefwasserseglern das Ende bereitete.

Ebenso wie der Walfang stellte auch die Handelsseefahrt höchste Anforderungen an die Mannschaften. Stürme und Taifune bedrohten die Segelschiffe auf allen Weltmeeren, insbesondere bei der Umrundung von Kap Hoorn, und tropische Krankheiten, vor allem das Gelbfieber, rafften ganze Besatzungen hin. Aber auch legale Kaperer der ständig in Kriegshändel verwickelten Seemächte und Piraten exotischer Länder lauerten den Handelsschiffen auf. Beispielsweise gerie-

ten im 18. Jahrhundert zahlreiche Seeleute in die Hände von Seeräubern des Osmanischen Großreichs und wurden als Sklaven auf dem Markt zu Algier verkauft. Etliche blieben lebenslang in Nordafrika, andere wurden von den Verwandten in der Heimat oder durch die sogenannte „Sklavenkasse“ wieder freigekauft, und einige erhielten durch die Gnade ihrer Herren die Freiheit zurück. Besonders bekannt wurde das Schicksal des auf Amrum gebürtigen Hark Olufs, der 1724 auf einem Schiff seines Vaters mitsamt der übrigen inselfriesischen Besatzung von Türken gefangen und an den Bey zu Constantine verkauft wurde. Hark Olufs aber diente sich schnell zum Schatzmeister und Anführer einer Reiterschar hoch und wurde, reich belohnt, nach zwölfjähriger Gefangenschaft entlassen.

Kunstvoll gestaltete Grabsteine mit Segelschiffen im Giebel erinnern auf den Friedhöfen von Amrum und Föhr an die große Zeit des Walfangs und der Handelsseefahrt.

Weniger glücklich erging es der Besatzung des vom Sylter Kapitän Meinert Boysen geführten Hamburger Schiffes „Posa“; es verunglückte 1856 durch Strandung in der Molukken-See. Die zehnköpfige Besatzung rettete sich in die Boote und irrte tagelang umher. Als dann endlich Land in Sicht kam, wurden die Männer von Eingeborenen mit Pfeilen und Speeren beschossen und bis auf drei alle getötet.

Die Hinwendung zur Seefahrt prägte auch das Leben in der Heimat. Fliesen, von Holland mit heimgebracht, schmückten die Wände der Seefahrerstuben, ebenso andere kostbare Dinge aus fernsten Winkeln der Welt. Es gab eine Fülle kostbarer Trachten, die die Frauen zu Feiern in Familie und Kirche trugen. Aber das Dasein der Inselfrauen stand jahrhundertelang auch unter besonderer Belastung. Ihre Männer und Söhne waren die längste Zeit des Jahres abwesend, die Arbeit in Haus und Landwirtschaft mußten sie allein bewältigen und zudem ständig noch mit einer Todesnachricht rechnen. Insgesamt aber gingen die Jahrhunderte des Walfangs und der Seefahrt als „goldenes Zeitalter“ in die Geschichte ein, und neben „Kapitänsbildern“ und Seefahrerstuben erinnern vor allem auf Föhr und Amrum Reihen kunstvoller Grabsteine mit Schiffen im Barockgerank der Grabsteingiebel an diese Zeit.

In den heimatlichen Gewässern, auf der Nordsee und im Wattenmeer, hatte früher nur die Austernfischerei als Erwerbsquelle eine gewisse Bedeutung. Die Austernbänke allerdings gehörten der Landesherrschaft und wurden an Unternehmer verpachtet, die wiederum die Bewohner der Ost- und Nordfriesischen Inseln mit ihren kleinen Kuttern in Dienst stellten. Austern wurden nur in den Wintermonaten zwischen September und April „gestrichen“, allerdings so intensiv, daß die Austernfischerei kurz nach 1900 wegen Raubbaus aufgegeben werden mußte. Seitdem gibt es nur noch Austern aus Zuchtanlagen, insbesondere aus dem Wattenmeerbereich von Sylt.

Die Miesmuschelfischerei mit Zentrum im Bereich der Insel Föhr entwickelte sich erst in den dreißiger Jahren dieses Jahrhunderts durch einen nach Wyk eingewanderten Fischer, Karl Emde, der in der Heimat seiner holländischen Frau die Muschelzucht kennengelernt hatte. Der Zweite Weltkrieg machte dem Unternehmen, das sich bis Ostfriesland ausdehnte, zunächst ein Ende. Und erst in den fünfziger Jahren konnte ein Neuanfang mit der Bewirtschaftung von Kulturbänken und dem Befischen der wildlebenden Bänke gemacht werden. Anfang der achtziger Jahre engagierten sich zunehmend niederländische Unternehmer, und gegenwärtig sind an der deutschen Nordseeküste rund zwanzig Kutter im Einsatz.

Auch die Krabbenfischerei ist jüngeren Datums. Die Küstenbewohner fingen zwar seit jeher in Reusen (sackartigen Netzen) und Schiebehamen (kescherähnlichen Fanggeräten) für den Eigenverbrauch Krabben, richtiger: Garnelen, die gewerbliche Fischerei begann aber erst um die Jahrhundertwende. Sie wurde möglich durch den Ausbau des Eisenbahnnetzes, der die Transportzeit der rasch verderblichen Krebstiere erheblich verkürzte. Ausgangspunkt der Krabbenfischerei war Büsum, das kurz nach 1900 schon über eine Flotte von 55 Kuttern verfügte und auch heute noch eine bedeutende Rolle spielt. Aber auch von Wyk, von Hallig Hooge und Pellworm, von Husum, Tönning und Friedrichskoog, von Cuxhaven, Dorum, Fedderwardersiel, Neuharlingersiel, Norddeich, Greetsiel und anderen Häfen laufen heute Krabbenkutter mitten in der Nacht aus und kehren im Laufe des Tages mit schon an Bord rot gekochten Krabben zurück. Mit hochgezogenen Netzen, von Möwenscharen verfolgt, laufen sie tuckernd ein und reihen sich mit ihren bunten Bordwänden im Hafen aneinander.

„GOTT SEGNE UNSEREN STRAND"

Die Strände der Nordseeinseln sind heute alljährlich mit Tausenden von Sommergästen belebt, und zu den Sänden in See und im Wattenmeer fahren weiße Ausflugsschiffe, um den Küstenbesuchern die Seehundbänke zu zeigen. Kaum einer der sonnen- und sommerfrohen Gäste aber ahnt, daß diese Landschaften jahrhundertelang Schauplatz großer Tragödien waren, die im Gefolge von Strandungsfällen vielen Menschen das Leben kosteten und zum Verlust von unschätzbaren Werten führten.

„Der Strand mit seinen Strandungsfällen, Strandvögten und Strandgängern spielt in der Geschichte der Nordfriesischen Inseln, namentlich von Sylt und Amrum, eine wichtige Rolle", schrieb um die Mitte des 19. Jahrhunderts der Sylter Chronist Christian Peter Hansen. Und, könnte man hinzufügen, auch für die Ostfriesischen Inseln, Helgoland und andere Küstenbereiche. Denn Strandungsfälle versprachen den Bewohnern hohe Bergungslöhne durch die reguläre Bergung von Schiffsgütern und Schiffen sowie zusätzlichen Gewinn durch die verbotene Strandräuberei, die bis Ende des vorigen Jahrhunderts, ja noch bis in die Gegenwart an der Nordseeküste und andernorts florierte.

Auf der Insel Amrum beispielsweise übertrafen noch im 19. Jahrhundert die Bargeld-Einnahmen aus Bergungsprämien bei Strandungsfällen alle Einkünfte aus anderen Erwerbsquellen bei weitem. An diesen Bergungslöhnen partizipierte neben den Bergern eine ganze Inselgemeinde – durch das sogenannte „Strandlegat", das 1820 gegründet wurde und immerhin noch bis 1899 gültig blieb. Fünf Prozent der Bergungsprämien wurden in dieses Legat gezahlt, dessen Vorsitzender übrigens der jeweilige Pastor war. Mit den Einnahmen wurden vorwiegend soziale Lasten der Gemeinde Amrum abgedeckt, und so war die ganze Inselbevölkerung an Strandungsfällen interessiert, weil diese die Gemeindekasse füllten. Auch die Landesherrschaft bereicherte sich jahrhundertelang am Unglück anderer, insbesondere bei Strandungsfällen an den Küsten von Schleswig-Holstein. Die seit Mitte des 15. Jahrhunderts erlassenen „Strandgesetze" verfügten nämlich, daß bei einem Strandungsfall der Landesherr ein Drittel vom Wert der geborgenen und zur öffentlichen Auktion gebrachten Schiffsgüter erhielt, ebenso vom Wert des Schiffswracks, das noch zur Holzgewinnung weiterverkauft wurde. Ein weiteres Drittel erhielten die Berger, während dem Schiffer und den „Ladungsinteressenten", d. h. den Kaufleuten, deren Güter das Schiff beförderte, nur ein letztes Drittel blieb. Damit machte sich die Landesherrschaft per Gesetz faktisch zum größten Strand„räuber" und gab den Küstenbewohnern und Insulanern kein gutes Beispiel. Nur dort, wo das dänische Strandrecht aus dem „Jydske Lov" des 13. Jahrhunderts galt, verzichtete der König auf alle Ansprüche, ordnete hingegen die Verpflichtung zur Hilfeleistung an und ließ Bergelohn-Forderungen nur soweit gelten, wie es dem Arbeitsaufwand entsprach. Dieses humane Strandrecht wurde erst im Jahre 1803 auch an den Küsten der unter dänischer Oberhoheit stehenden Herzogtümer Schleswig und Holstein gültig und ist, zeitgemäß modifiziert, im Prinzip noch heute in Kraft.

Um die Forderungen der Landesherrschaft zu belegen, wurden Strandungsfälle, ihre Begleitumstände und die geretteten Ladungs- und Schiffswerte genau registriert. Fast alle Strandungsfälle seit dem 16. Jahrhundert sind in den umfangreichen Aktensammlungen der Stadt- und Landesarchive an der Nordseeküste verzeichnet. Um ihre eigenmächtig deklarierten Ansprüche zu sichern, setzten die Landesherren überall Strandvögte ein, die „namentlich bei Stürmen die Ereignisse am Strande unablässig im Auge behalten" und bei einem Strandungsfall die Rettung der Schiffbrüchigen und die Bergung von Schiff oder Ladung zu leiten hatten. Weil aber den Strandvögten, selbst Küsten- und Inselbewohner, nicht immer zu trauen war, wurden zusätzliche Aufsichtspersonen eingesetzt, auf Sylt beispielsweise der legendäre Grönland-Commandeur Lorens Petersen Hahn, später über Generationen Angehörige der Seefahrerfamilie Hansen-Decker aus Westerland. Strandvögte und Strandhauptmänner gibt es auch heute noch an der gesamten Nordseeküste. Und unverändert gehört es zu ihren Amtspflichten, angetriebene Strandgüter zu bergen, gegen entsprechenden Bergelohn an den Eigentümer zurückzuliefern oder – falls sich kein Interessent einfindet oder ermitteln läßt – auf öffentlicher Strandauktion zu verkaufen, deren Erlös in die Staatskasse fließt. Die Bergung gestrandeter Schiffe ist allerdings seit der Jahrhundertwende allmählich in andere Zuständigkeiten geraten. Kapitäne und Reeder verhandeln heute bei einem Strandungsfall mit Bergungsunternehmungen.

Geblieben aber ist die Lust und Leidenschaft der Küstenbewohner und Insulaner am Strandgang, behördlicherseits als „Strandraub" bezeichnet. Heute wie seit Jahrhunderten sind Strandgänger bei Sturmfluten unterwegs und tragen manchen wertvollen Fund heimlich über Dünen und Deiche nach Hause, noch ehe der Strandvogt zur Stelle ist. Die Geschichte der Nordseeküste ist voll von Berichten über erfolgreiche Strandräuberei und die oft vergeblichen Bemühungen der Strandvögte, dieses Treiben zu verhindern. Wurden die „Strandräuber" allerdings ermittelt, dann erfolgte nach den Regeln des Strandgesetzes eine entsprechende Bestrafung. Beispielsweise geriet nach der Strandung eines Schiffes auf Hörnum/Sylt im Jahre

1682 fast die ganze Bevölkerung des Dorfes Rantum wegen Strandräuberei in Untersuchungshaft. Und nach der Strandung einer englischen Brigg im Jahre 1816 auf dem Kniepsand von Amrum wurden nicht weniger als 29 Männer, etwa ein Drittel der erwachsenen männlichen Bevölkerung, wegen Strandräuberei zu Gefängnisstrafen verurteilt. Noch härter traf es vier Männer im Jahre 1844, die heimlich lose treibende Teerfässer aus der Ladung eines gestrandeten und zertrümmerten russischen Schiffs unterschlagen hatten. Sie erhielten Zuchthausstrafen von anderthalb bis zwei Jahren, wurden allerdings vorzeitig – nachdem einer der „Züchtlinge" im Gefängnis gestorben war – durch den dänischen König begnadigt. Aber diese Ereignisse haben den Eifer der Strandgänger immer nur kurzfristig gedämpft.

Unzählige Schiffe strandeten in der Brandung vor Inseln und Halligen, und jahrhundertelang machten die Insulaner „Geschichte" als Strandräuber, aber auch bei der Bergung von Schiffen und der Rettung Schiffbrüchiger.

Schiff auf Schiff strandete in früheren Jahrhunderten auf den Sänden und Inseln der Nordseeküste. Aus dem Kanal kommend und nach Bremen und Hamburg oder zur Ostsee bestimmt, waren die Segelschiffe hilflos den Stürmen preisgegeben und trieben mit gebrochenen Masten, hängenden Rahen und zerfetzten Segeln zu Hunderten in die Brandung der Strände. Noch in der ersten Hälfte des 19. Jahrhunderts strandeten auf Sylt nach Aufzeichnungen der Familie Hansen-Decker rund achtzig Schiffe, ebensoviele auf den gefürchteten Sandbänken vor Amrum. Zahlreiche Seeleute fanden dabei den Tod, und etliche wurden auf den Namen- und Heimatlosenfriedhöfen, vielleicht auch einfach in der nächsten Düne begraben. Die Strandungsfälle hielten die Nordseeanwohner in Aufregung, solange Segelschiffe auf den Weltmeeren dominierten. Beispielsweise strandeten am 15. und 16. Oktober 1881 auf Sylt nicht weniger als vier Schiffe, wobei in einem Fall die gesamte Besatzung vor den Augen der Insulaner ertrank.

Besonders dramatisch war auch die Strandung des Auswandererschiffes „Johanne" am 6. November 1854 vor der Insel Spiekeroog. Die Dreimastbark war mit reichlich 200 Auswanderern von Geestemünde nach Baltimore bestimmt, wurde aber bei der Ausfahrt nahe Helgoland von einem heftigen Nordweststurm getroffen und in die Brandung vor Spiekeroog getrieben. 77 Menschen, Männer, Frauen und Kinder, fanden bei der Strandung den Tod, und hilflos standen die Bewohner der Insel am Strand und sahen diesem Schauspiel zu.

Dieser Strandungsunfall sowie nachfolgende mit ebenfalls vielen Menschenopfern waren Anlaß zu der Initiative, an deutschen Küsten Rettungsstationen einzurichten. Vor allem der Navigationslehrer Adolf Bermpohl und der Advokat Kuhlmay aus Vegesack traten mit entsprechenden Forderungen und Vorschlägen an die Öffentlichkeit. Aber erst im Jahr 1865 wurde in Kiel die „Deutsche Gesellschaft zur Rettung Schiffbrüchiger" gegründet, die von Bremen aus das Rettungswerk an Ost- und Nordsee aufbaute. Zunächst lagen Ruderrettungsboote, durch Einbau von Lufttanks vor Sinken und Kentern geschützt, auf den Stationen. Sie wurden in der Regel von acht Mann gerudert und vom neunten, dem Vormann, geführt. An besonders gefährlichen Brandungsküsten, wo der Einsatz von Rettungsbooten kaum möglich war, standen Raketenapparate, die Leinen zu gestrandeten Schiffen schossen und über Trossen und Hosenbojen die Schiffbrüchigen an Land holten. In den „Jahrbüchern" der Rettungsgesellschaft sind die oft dramatischen Einsatzfahrten sowie die technische Entwicklung des Rettungswesens verzeichnet. Über die Ruderrettungsboote hinaus wurden Anfang unseres Jahrhunderts Motorrettungsboote und schließlich, seit den fünfziger Jahren, moderne, mit allen technischen und nautischen Errungenschaften ausgestattete Seenotrettungskreuzer in Dienst gestellt. Da es zu zeitaufwendig ist, Freiwillige im Einsatzfall aus den umliegenden Dörfern zusammenzurufen, sind die Besatzungen heute – fest angestellt – ständig an Bord. Tausende von Schiffbrüchigen hat die Rettungsgesellschaft seit ihrem Bestehen aus Lebensgefahr und Seenot befreit, und etliche Rettungsmänner haben bei diesen Einsätzen ihr Leben verloren.

Wenn an der Küste die Sonne hinter dem Horizont versunken ist und die Dämmerung über Inseln und Meer aufzieht, blinken über den Deichen und vor den Dünen die Lichter der Leuchttürme auf. Sie senden als Hauptfeuer mit spezieller Lichtkennung – aufblitzend oder im steten Rhythmus wiederkehrend – sowie als Leit- und Quermarkenfeuer mit stehenden Farbsektoren ihre Zeichen zu den Schiffen auf See. Kaum eine andere Küstenlandschaft auf der Erde hat ein so ausgeprägtes Seezeichenwesen wie die deutsche Nordseeküste, die mit ihren zahlreichen Untiefen und Sandbänken und den wechselnden Wassertiefen bei Ebbe und Flut eine eher schiffsverkehrsfeindliche Landschaft ist.

Das älteste Seezeichen an der deutschen Nordseeküste ist der hohe, kantige Turm auf der Insel Neuwerk vor der Elbmündung. Er wurde 1310 von der Hansestadt Hamburg errichtet und sollte als Sichtmarke wie auch als Festungsturm die Einfahrt zur Elbe kennzeichnen und zugleich sichern. Später wurde auf einer Plattform ein offenes Feuer abgebrannt, um auch der nächtlichen Schiffahrt einen Markierungspunkt zu geben. Um 1814 erhielt die Turmspitze ein regelmäßiges Lampenlicht. Auch die Einfahrt zur Weser wurde frühzeitig markiert. Hier wurde 1410 eine Kape, ein hohes Holzgerüst, als Tagessichtmarke errichtet. Seit Mitte des 15. Jahrhunderts ist belegt, daß auch der Rat der Hansestadt Hamburg nach Aufforderung aus Seefahrtskreisen das Fahrwasser der Elbe durch Kapen (Baken) und Tonnen sicherte, und wenig später begannen auch die Hafenstädte Emden, Leer, Bremen, Tönning und Husum ihre Fahrwasser durch verschiedene Seezeichen zu markieren. Aus dem 15. und 16. Jahrhundert sind für Emden, Bremen und Hamburg Rechnungen von „Bartenmeistern" und „Tonnenvorstehern" bekannt, die für die Seezeichen verantwortlich waren und der Stadtverwaltung unterstanden.

Die Finanzierung des Seezeichenwesens erfolgte in den ersten Jahrhunderten aber nicht durch die Hafen- und Handelsstädte, sondern durch die Schiffer, die das Fahrwasser befuhren. Sie mußten „Tonnengeld", „Bakenzoll" und „Feuergeld" bezahlen.

Das Seezeichenwesen im nordfriesischen Wattenmeer stand seit 1561 durch Erteilung des Privilegiums von Herzog Adolf unter der Regie der Stadt Husum und verblieb auch ungeachtet des Streites in deren Zuständigkeit, bis um 1845 das Seezeichenwesen an der gesamten schleswig-holsteinischen Westküste von der Regierung des dänischen Gesamtstaates übernommen wurde. Ein Kreuzzollinspektor wurde als Aufsicht eingesetzt. Einschneidende Schritte zur Perfektionierung erfolgten jedoch erst, nachdem das Gebiet 1864 an Preußen (später als Bestandteil des Deutschen Reichs) übergegangen war. 1887 erließen die preußischen Behörden Bestimmungen über ein einheitliches System der Betonnung, 1904 eines für Leuchtfeuer. Zunächst unterstand das Seezeichenwesen dem Ministerium für Handel und Gewerbe, von 1879 an dem Ministerium für Öffentliche Arbeiten und ab 1893 dem Verkehrsministerium, in dessen Zuständigkeit es auch heute noch ist. Die Aufsicht wird von den Wasser- und Schiffahrtsämtern ausgeübt.

Als die Handelsseefahrt im Mittelalter aufzublühen begann, wurde es bald notwendig, den Schiffern im Küstenbereich Orientierungshilfen zu geben. Auf primitiven Seekarten waren die ungefähre Lage der Inseln und der Küstenverlauf eingezeichnet, markante Bauwerke, etwa Kirchen und Mühlen, wurden hervorgehoben. Erste Seezeichen für die unmittelbare Markierung des oft sehr schmalen Fahrwassers waren dann Pricken, d. h. entlang der Fahrrinne aneinandergereihte Baumstämme. Sie mußten allerdings nach Sturmfluten und Eiswintern ständig erneuert werden, was noch bis um 1930 durch „Bakenstecher" geschah. Neben den Pricken kamen bald auch „Kopfbaken" in Gebrauch, Baumstangen mit einem deutlichen Topzeichen in Form einer Tonne oder eines Weidenkorbes, die auf weitere Entfernungen sichtbar waren. Später wurden dann regelrechte hohe Holz- und Balkengerüste als Sichtmarken an den Einfahrten plaziert. Sie sind in ihren charakteristischen Formen als Wahrzeichen der Küstenseefahrt noch heute vorhanden. Einige dieser Baken sind zusätzlich mit Noträumen für Schiffbrüchige ausgerüstet und haben so schon manchem Seefahrer das Leben gerettet.

An niederländischen Küsten verwendete man schon seit etwa 1400 Seetonnen aus Holz zur Markierung des Fahrwassers, und wenig später wurden solche Schwimmkörper auch von den deutschen Hansestädten ausgelegt, mit dem Stadtwappen oder anderen Zeichen gekennzeichnet. Erst Mitte des 19. Jahrhunderts kamen Eisentonnen in Gebrauch. Heute zeigen uns die „Tonnenhöfe" an der Küste und auf den Inseln eine Vielfalt von Seezeichen, von den immer noch in besonders engem Fahrwasser verwendeten Pricken und Stangen, den farblich verschiedenen und mit Nummern versehenen Backbord- und Steuerbordtonnen sowie einer Anzahl von Spezialtonnen bis zu den Glocken- und Leuchtfeuertonnen. Tonnenlegerschiffe mit fester Besatzung bringen die Seezeichen ein und aus.

Das eigentliche Wahrzeichen des Seezeichenwesens aber sind die Leuchttürme. Ein erster Turm, von dem aber heute keine Spur mehr vorhanden ist, wurde schon vor der Zeitrechnung von den Ägyptern auf Pharos vor Alexandria gebaut. Er ist als eines der sieben Weltwunder bekannt geblieben. An der deutschen Nordseeküste datieren erste Leuchtfeuer – mit Ausnahme des erwähnten Turms auf Neuwerk – erst aus dem 17. Jahrhundert. Vorläufer waren zunächst Holzgestelle mit hochziehbaren Eisenkörben, in denen ein Kohlefeuer brannte. Mancherorts

wurde, wenn man ein Schiff erwartete, einfach nur ein offenes Feuer am Strand unterhalten. Allerdings erzählt die Geschichte, daß solche Feuer öfter mißbraucht wurden, um Schiffe zur Strandung zu verleiten. Aus den ersten Jahrzehnten des 17. Jahrhunderts sind Holzgerüste mit Plattformen und offenem Feuer bekannt, beispielsweise von Wangerooge 1624. Wenig später wurde auf Helgoland eine Feuerblüse errichtet. Aber dieses Werk mußte vom Militär auf Anordnung von Herzog Friedrich III. geschützt werden, weil die Helgoländer als Lotsen von der Notlage der nach Hamburg und Bremen einlaufenden Schiffe profitierten. Schon 1637 mußte der Betrieb der Feuerblüse wieder eingestellt werden, und erst 1679 konnte eine von Hamburg erbaute Steinkohlenblüse nach anfänglichem Widerstand der Inselbewohner ihre Tätigkeit aufnehmen. Eine weitere Blüse wurde 1705 auf Wangerooge anstelle der abgebrannten Holzplattform errichtet. Diese alten Blüsen erforderten viel Brennmaterial und die ständige Anwesenheit eines „Blüsenmeisters“, um das offene Feuer zu versorgen.

Der Leuchtturm bei Kampen auf Sylt – ein technisches Bauwerk der Gegenwart inmitten einer Gruppe bronzezeitlicher Hügelgräber.

Eine ganz neue Epoche leitete dann die Erfindung französischer Ingenieure in der zweiten Hälfte des 18. Jahrhunderts ein. Durch einen Parabolreflektor konnte die Lichtquelle gebündelt, verstärkt und in eine bestimmte Richtung gelenkt werden. Und als es 1782 dem Franzosen Argand gelang, einen Ölbrenner mit entsprechenden Reflektoren zu konstruieren, war die Entwicklung zu den heutigen Leuchtfeuern eingeleitet. In schneller Folge entstanden überall an der Küste und auf den Inseln Leuchtfeuer mit diesem System. Und es war wiederum ein französischer Ingenieur, Fresnel, dessen Linsenapparat mit Optik und Spiegelreflektoren eine wesentliche Verstärkung der Lichtquelle bewirkte. Als Brennstoff wurde lange Rüböl verwendet, das mit reiner Flamme brannte. Erst um 1890 begann die Zeit des elektrischen Stroms. Die Türme von Borkum, Neufahrwasser und Campen an der Unterems waren die ersten, die ihr Licht aus Akkumulatoren bezogen. Viele Leuchtfeuer aber wurden erst elektrifiziert, als der betreffende Küstenabschnitt oder die Inseln eine allgemeine Stromversorgung erhielten. Solange die Leuchttürme mit Öl betrieben und ausschließlich von Hand bedient wurden, war ein hoher Personalaufwand erforderlich. Die größeren Leuchttürme erster Ordnung waren in der Regel mit drei Mann besetzt, die im Schichtwechsel den Betrieb überwachten und ihre Nachtwache in einer Stube unmittelbar unter der Turmkuppel verbrachten.

In den siebziger Jahren aber ging der Fortschritt über die Leuchttürme und damit auch über die Leuchtturmwärter hin. In kurzer Zeit wurden alle Türme auf vollautomatischen Betrieb umgestellt, die Wärter in andere Dienste verwiesen. Heute gibt es den mit viel Romantik, aber auch mit großer Einsamkeit verbundenen Beruf des Leuchtturmwärters nicht mehr.

Der kurze Abriß des Seezeichenwesens wäre nicht vollständig ohne Erwähnung der Leuchtfeuerschiffe längs der deutschen Nordseeküste. Auch diese sind, mit Ausnahme jener vor der Elbmündung und dem Borkumriff, verschwunden. Aber noch um die Jahrhundertwende lagen bis zu zwanzig dieser Schiffe vor den Einfahrten der wichtigsten Wasserwege oder auf für die Schiffahrt besonders gefährlichen Positionen.

Dem kleinen Leuchtturm ist anzusehen, daß er in einer gemütlichen Zeit – eben nach der Jahrhundertwende, als Formen und Schnörkel beliebt waren – errichtet wurde. Es ist ein Quermarkenfeuer, dessen drei Farbsektoren mit rotem, gelbem und grünem Licht auf das Fahrwasser ausgerichtet sind und ruhig durch die Dunkelheit strahlen – im Gegensatz zu den hohen Hauptfeuern, deren unterschiedliche Blinkzeichen mit einer speziellen „Kennung“ den Standort des betreffenden Turmes verraten.

Der Regen zieht ab, und die Sonne spannt einen Regenbogen über Inseln und Meer. Die Reste eisgang- und sturmerprobter Hafendalben sind fast immer von Silbermöwen besetzt, deren scharfen Augen keine Beute entgeht.

Gespielinnen des Windes sind die Mühlen, und Inseln und Meeresküste sind die windreichsten Landschaften der Welt. Kein Wunder, daß man hier besonders viele Windmühlen findet, solche, die das Getreide aus den fruchtbaren Kögen und Poldern mahlen, und andere, die Pumpen antreiben, um das niedrig liegende Land zu entwässern. Heute sind nur noch wenige Windmühlen in Betrieb, etliche blieben, wie diese auf Amrum, als Wahrzeichen in der Küstenlandschaft erhalten.

Bei knapp zwei Grad minus friert auch Salzwasser, und bei entsprechendem Frost verwandelt sich das Wattenmeer in wenigen Tagen in eine Eiswüstenei. Träge treiben die Eisschollen auf den Wattenströmen hin und her oder drängen sich dort, wo Priele aufeinandertreffen, zu Packeiswällen auf. Fahrpläne haben ihre Gültigkeit verloren, nur mühsam und über viele Stunden bahnen sich die Fähren ihren Weg zu Inseln und Halligen.